高职高专新能源汽车专业"十三五"创新教材

新能源汽车电机驱动系统检修

广州合赢教学设备有限公司　组　编
王　毅　巩航军　主　编
熊裕文　段必涛　副主编
冯　津　主　审

扫一扫

二维码总目录

机械工业出版社

《新能源汽车电机驱动系统检修》全面、系统地介绍新能源汽车驱动电机、驱动电机控制器、驱动电机与控制器冷却系统、动力驱动单元以及能量管理系统的相关知识和技能。本书通俗易懂，图文并茂，形式活泼，有利于激发学生的学习兴趣。

书中配有二维码视频和课件。

本书可供新能源汽车专业的学生使用，也适用其他汽车专业方向学生学习新能源汽车知识和技能，同时还可供在职的汽车销售顾问、售后服务顾问、维修技师、保险理赔员、驾驶人以及其他汽车行业工程技术人员阅读参考。

本书配备教学课件，选用本书作为教材的教师可在机械工业出版社教育服务网（www.cmpedu.com）注册后免费下载，或添加客服人员微信获取（微信号码：13070116286）。

图书在版编目（CIP）数据

新能源汽车电机驱动系统检修/王毅，巩航军主编. —北京：机械工业出版社，2018.12（2025.7重印）

高职高专新能源汽车专业"十三五"创新教材

ISBN 978-7-111-61318-3

Ⅰ.①新… Ⅱ.①王…②巩… Ⅲ.①新能源–汽车–驱动机构–控制系统–车辆修理–高等职业教育–教材 Ⅳ.①U469.703

中国版本图书馆CIP数据核字（2018）第249845号

机械工业出版社（北京市百万庄大街22号 邮政编码100037）
策划编辑：齐福江　责任编辑：齐福江
责任校对：肖　琳　封面设计：鞠　杨
责任印制：张　博
北京机工印刷厂有限公司印刷
2025年7月第1版第15次印刷
184mm×260mm · 9.75印张 · 258千字
标准书号：ISBN 978-7-111-61318-3
定价：49.00元

电话服务　　　　　　　　网络服务
客服电话：010-88361066　机工官网：www.cmpbook.com
　　　　　010-88379833　机工官博：weibo.com/cmp1952
　　　　　010-68326294　金书网：www.golden-book.com
封底无防伪标均为盗版　机工教育服务网：www.cmpedu.com

高职高专新能源汽车专业"十三五"创新教材
编 委 会

主任委员: 冯津　广东合赢教育科技股份有限公司
副主任委员:
　　吴荣辉　珠海笛威汽车学院
　　齐福江　机械工业出版社
　　许　云　襄阳汽车职业技术学院
　　陈文均　贵州 交通技师学院
　　王　毅　贵州交通职业技术学院

委员:

广东合赢教育科技股份有限公司	陈进标、罗永志
深圳技师学院	李清明
顺德职业技术学院	张斌、赵良红
贵州交通职业技术学院	王强
六盘水职业技术学院	朱德桥、朱博
广州城市职业学院	温炜坚
广州铁路职业技术学院	郑毅
中山职业技术学院	齐建民
东莞职业技术学院	巩航军、刘存山
珠海城市职业学院	黄关山
襄阳汽车职业技术学院	包科杰
广东农工商职业技术学院	黄军辉
黔南民族职业技术学院	万东操
江西交通职业技术学院	官海兵
陕西交通职业技术学院	任春晖、彭小红
云南工业技师学院	彭韬、戴荣航
云南德宏州高等师范专科学校	段碧涛
安宁市职业高级中学	蔡春华
曲靖高级技工学校	栾增能
深圳市第二职业技术学校	李世川、孙兵凡
顺德中等专业学校	郭建英、赵鹏媛
深圳市龙岗职业技术学校	邱伟聪、易小彪
深圳泽然浩比亚迪新能源4S店	潘斌双

丛书主审: 冯津

FOREWORD 前 言

汽车产业快速发展带来的交通拥堵、能源危机和环境污染是限制汽车发展的主要瓶颈，因此新能源汽车产业是国家重点发展和大力扶持的产业。国务院于 2012 年 6 月 28 日颁发《节能与新能源汽车产业发展规划（2012—2020 年）》，指出新能源汽车技术路线以纯电驱动为新能源汽车发展和汽车工业转型的主要战略取向，当前重点推进纯电动汽车和插电式混合动力汽车产业化，推广普及非插电式混合动力汽车、节能内燃机汽车。

由于国家政策的扶持，新能源汽车得到飞速的发展，由此带来的新能源汽车后市场将需要大量的销售、维修及其他各方面的人才。教育服务于市场，领先于市场，针对几年后新能源汽车专业技术人员的井喷需求，职业院校必须提前培养新能源汽车专业人才，为今后的新能源汽车后市场储备人才。

为满足职业教育的迫切需求，我们组织新能源汽车一线培训专家、维修技师及职业院校资深教师主导编写这套高职高专新能源汽车专业"十三五"创新教材，以新能源汽车的认识、使用和维修为开发方向，改变目前新能源汽车教材偏向汽车设计制造技术方向导致理论性太强的缺点，使教材贴近企业实际工作及职业教育的特点。同时，本教材由职业教育专家对整体的结构进行全面把控，使教材符合职业教育的特点，分模块与单元的结构进行编写，并方便教学组合。本教材中涉及的新能源汽车品牌车型举例，以北汽新能源、上汽荣威、比亚迪汽车、众泰汽车及其他国内外典型车型为主，综合主流新能源汽车厂家的共性和差异，解决新能源汽车"地域"差异的问题。

《新能源汽车电机驱动系统检修》系统地介绍了新能源汽车电机驱动系统的知识和技能，包括五个项目的内容：项目一 新能源汽车驱动电机，介绍新能源汽车驱动电机认知与更换、驱动电机结构认知、驱动电机性能检测，使学生具备新能源汽车驱动电机更换与检测相关知识和技能；项目二 新能源汽车驱动电机控制器，介绍驱动电机控制器认知、驱动电机控制器检测，使学生具备驱动电机控制器更换与检测相关知识和技能；项目三 新能源汽车驱动电机与控制器冷却系统，介绍驱动电机与控制器冷却系统认知、驱动电机与控制器冷却系统检修，使学生具备驱动电机与控制器冷却系统检修相关知识和技能；项目四 新能源汽车动力驱动单元，介绍混合动力汽车驱动单元认知、纯电动汽车驱动单元认知，使学生认识新能源汽车驱动电机动力驱动单元的驱动形式和特点，为整车驱动诊断与维修奠定基础；项目五 新能源汽车能量管理系统，介绍新能源汽车能量管理系统认知、新能源汽车制动能量回收系统认知，使学生认识新能源能量管理系统以及制动能量回收系统的工作原理及特点。

本书采用实物照片，图文并茂，形式活泼，有利于激发学生的学习兴趣，适合中高职新能源汽车专业及汽车相关专业的学生使用，同时还可供汽车销售顾问、售后服务顾问、维修技师、保险理赔员以及其他汽车行业工程技术人员阅读参考。

本书由广州合赢教学设备有限公司组编，王毅、巩航军任主编，熊裕文、段必涛任副主编，冯津主审，参编人员有吴荣辉、罗永志、姚科业、朱芳武、顾惠烽、周迪培、刘春宁、李苏燕、丘会英、陈立辉、甘彩连、李建涛、张运宇、王怡、张弦、张峰、李海杰、肖壮飞、黄名锐、肖彦辉、惠志强。

限于编者的技术水平，书中难免存在不当之处，敬请广大读者批评指正。在本书编写过程中参考了大量国内外相关著作、汽车厂家的培训课件及其他文献资料，在此一并向有关作者及汽车厂家表示最真诚的感谢！

编　者

CONTENTS 目 录

前 言

项目一 新能源汽车驱动电机 ·· 1
    任务一 驱动电机认知与更换 ·· 1
    任务二 驱动电机结构认知 ·· 32
    任务三 驱动电机性能检测 ·· 45

项目二 新能源汽车驱动电机控制器 ································ 55
    任务一 驱动电机控制器认知 ·· 55
    任务二 驱动电机控制器检测 ·· 72

项目三 新能源汽车驱动电机与控制器冷却系统 ··············· 82
    任务一 驱动电机与控制器冷却系统认知 ························ 82
    任务二 驱动电机与控制器冷却系统检修 ························ 93

项目四 新能源汽车动力驱动单元 ···································· 109
    任务一 混合动力汽车驱动单元认知 ······························ 109
    任务二 纯电动汽车驱动单元认知 ································· 118

项目五 新能源汽车能量管理系统 ···································· 130
    任务一 新能源汽车能量管理系统认知 ··························· 130
    任务二 新能源汽车制动能量回收系统认知 ··················· 139

参考文献 ·· 148

项目一 新能源汽车驱动电机

项目描述

驱动电机也称为动力电机或驱动电动机,是纯电动汽车唯一的动力源,可向外输出转矩,驱动汽车前进或后退;在下坡、制动等工况下,驱动电机也可以作为发电机发电。本项目介绍驱动电机的特点、类型、结构与检测,包含以下三个任务:

任务一 驱动电机认知与更换。
任务二 驱动电机结构认知。
任务三 驱动电机性能检测。

通过以上三个任务的学习,你能够了解驱动电机的类型,熟悉驱动电机的结构和工作原理,掌握驱动电机更换和检测方法。

任务一 驱动电机认知与更换

学习目标

◎ 知识目标
　1. 能够描述驱动电机的作用。
　2. 能够描述驱动电机的特点。
　3. 能够描述驱动电机的类型。

◎ 技能目标
　能够进行驱动电机总成的拆卸与安装。

一、任务导入

一辆纯电动汽车的驱动电机发生故障，你的主管让你更换驱动电机总成，你能完成这个任务吗？

二、获取信息

引导问题 1 驱动电机在新能源汽车上的作用是什么？

驱动电机是一种将电能转化成动能，用来驱动其他装置的电气设备。驱动电机是纯电动汽车唯一的动力源，可向外输出转矩，驱动汽车前进或后退；同时也可以作为发电机发电，例如在整车高坡下滑、高速滑行以及制动过程中，此时电机作为发电机将势能或动能转化为电能。图 1-1-1 所示为驱动电机的示意图。

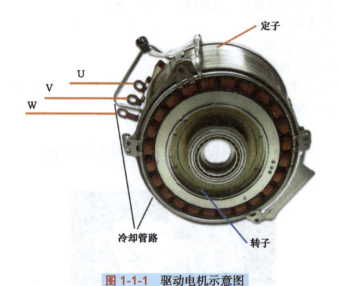

图 1-1-1 驱动电机示意图

驱动电机负责向整车提供驱动力，是新能源汽车驱动系统的核心部件之一，如图 1-1-2 所示。

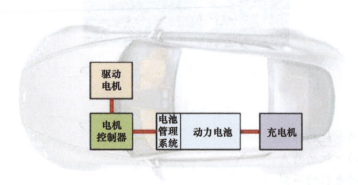

图 1-1-2 新能源汽车主要部件

驱动纯电动汽车和混合动力汽车的电机需要在各个转速下均能够产生转矩。图 1-1-3 所示为汽车用驱动电机的转矩与转速之间的关系，这种曲线称为转矩 - 转速曲线。汽车用驱动电机在中速以下时要求恒定功率输出，转矩与转速组合决定电机的运转情况，根据坡道起步、急加速、行驶区域、高速巡航等不同的行驶状态，会发生很大的变化。

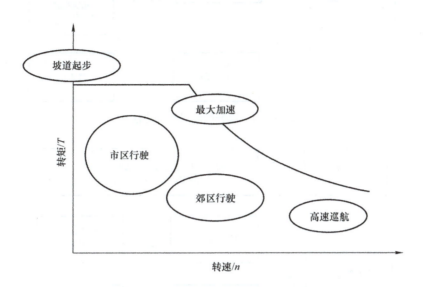

图 1-1-3　驱动电机转矩 - 转速曲线

引导问题 2　**驱动电机具有哪些特点？**

新能源汽车采用的驱动电机有以下特点：

1. 体积小、功率密度大

由于新能源汽车的整车空间有限，这就意味着电机系统（驱动电机＋电机控制器）的尺寸将受到很大的限制，因此对驱动电机的第一要求是结构紧凑、尺寸要小。电机设计厂家必须想尽办法缩小驱动电机的体积，即提高电机的功率密度和转矩密度，尤其是乘用车，对电机的体积限制要求很高，因此一般选用高功率密度的永磁同步电机作为驱动电机的解决方案。

2. 效率高、高效区广、重量轻

新能源汽车驱动电机的第二个特点就是效率高、高效区广、重量轻。续驶里程一直是新能源汽车的短板，而提升续驶里程的方法就是提升驱动电机的效率，保证每一度电都能发挥最大的用处。驱动电机的高效工况区要够广，保证汽车在大部分工况下都是处于高效状态。减轻电机重量，也能间接降低整车的功耗，实现续驶里程提升。图 1-1-4 所示为提升续驶里程的方法。

3. 安全性与舒适度

基于汽车用户的体验，新能源汽车驱动电机还需关注电机自身的安全性和舒适度。安全性可以理解成电机的可靠性，即电机在恶劣环境下能否正常工作，可通过高低温箱试验来进行安全性能检测。舒适度，即电机在运行时是否会对驾驶人产生体验上的不适，关注的是电机运行时的振动和噪声情况。图 1-1-5 所示为提升安全性和舒适度的方法。

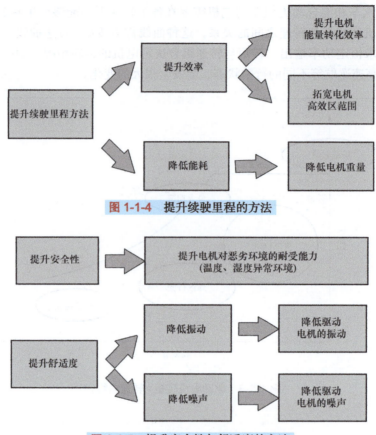

图 1-1-4 提升续驶里程的方法

图 1-1-5 提升安全性与舒适度的方法

引导问题 3　　新能源汽车上采用的驱动电机有哪些类型？

1. 电机的类型

电机从很早以前就已经实用化，并且产品种类、形式也越来越丰富，按照电机电源供给进行分类，主要包括以下 4 种：

（1）直流电机

直流电机是输出或输入为直流电的旋转电机，它是能实现电能和机械能互相转换的电机。

图 1-1-6 所示为直流电机基本结构示意图，它的固定部分定子上，装设了一对直流励磁的静止的主磁极 N 和 S，在旋转部分转子上装设电枢铁心。定子与转子之间有一气隙。在电枢铁心上放置了由 A 和 X 两根导体连成的电枢线圈，线圈首端和末端分别连到两个圆弧形的铜片上，此铜片称为换向片。换向片之间互相绝缘，由换向片构成的整体称为换向器。换向器固定在转轴上，换向片与转轴之间亦互相绝缘。在换向片上放置着一对固定不动的电刷 B1 和 B2，当电枢旋转时，电枢线圈通过换向片和电刷与外电路接通。

（2）交流异步电机

交流异步电机，又称"感应电机"，即转子置于旋转磁场中，在旋转磁场的作用下获得一个转动力矩，因而转子转动。转子是可转动的导体，通常多呈鼠笼状。图 1-1-7 所示为交流异步电机。

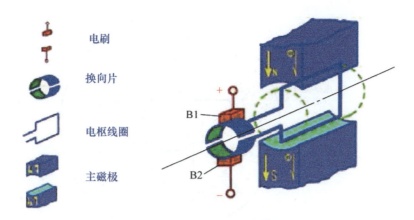

图 1-1-6　直流电机基本结构

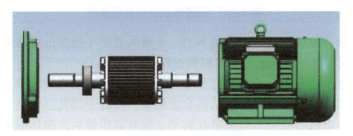

图 1-1-7　交流异步电机

异步电机的笼型导体是将棒状的导体排布在圆周上，在端部通过圆环短路。异步电机的内侧为线槽，在其内部缠绕绕组，绕组由U、V、W构成三相绕组。图1-1-8所示为感应电机绕组。

图 1-1-8　感应电机绕组

三相绕组接通三相交流电后产生旋转磁场，通过磁场旋转，转子导体棒横穿磁场，根据右手法则，在转子内产生电动势，该电动势使得电流在转子导体内流动，再按照左手法则，由转子导体的电流与定子的励磁产生力，产生磁转矩。

异步电机的主要特点是转子与定子磁场变化之间存在转速差。

（3）永磁同步电机

同步电机是指转子转速与定子旋转磁场的转速同步的电机，如图1-1-9所示。

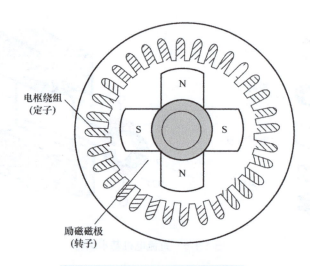

图 1-1-9 同步电机的结构示意图

电机的转子为永磁磁体，转子磁体的 N 极、S 极随着定子绕组的旋转磁场磁极的移动而旋转。磁场产生磁通量，电枢完成电能与机械能的转换。

永磁同步电机主要由转子、端盖及定子等各部件组成。一般来说，永磁同步电机最大的特点是它的定子结构与普通的感应电机的结构非常相似，而转子因其独特结构与其它电机形成了区别。和常用的异步电机的最大不同则是在转子上放有高质量的永磁体磁极。由于在转子上安放永磁体的位置有很多选择，所以永磁同步电机通常会被分为三大类：内嵌式（IPM）、面贴式（SPM）以及插入式，如图1-1-10所示。

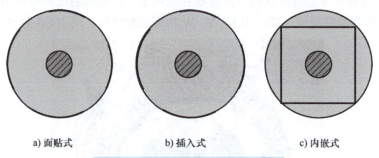

a) 面贴式　　　　b) 插入式　　　　c) 内嵌式

图 1-1-10 永磁同步电机转子断面

用于汽车驱动的同步电机几乎都为旋转磁极式，转子使用永磁体。此外，同步电机开环控制容易产生脱离同步运转的情况，因此需要对转子的磁极位置进行检测，根据磁极的变化改变定子三相电缆电流的供给。

永磁同步电机由于转子是永磁体励磁，随着转速的升高，电压会逐渐达到 DC/AC 变换器所能输出的电压极限，这时要想继续升高转速，只有靠调节定子电流的大小和相位，即增加定子直轴去磁电流分量来等效弱磁提高转速。电机的弱磁能力大小主要与直轴电抗和反电势大小有关，但永磁体串联在直轴磁路中，所以直轴磁路一般磁阻较大，弱磁能力较小，电机反电势较大时，也会降低电机的最高转速。

（4）磁阻电机

为了提高弱磁能力，针对永磁同步电机提出了改进电机本体结构，从电机结构的角度来研究弱磁能力，提出采用凸极式转子结构的永磁同步电机。凸极式转子结构就是转子的直轴磁阻大于交轴磁阻，表现为凸极电机的性质。这样，电机电磁转矩的组成就类似于普通的凸极永磁同步电机，由永磁转矩和磁阻转矩组成。然而，永磁磁阻式同步电机的电磁转矩又和普通凸极永磁同步电机不同，普通的凸极永磁同步电机的永磁磁场非常强，同时也造成高速弱磁的困难。在永磁磁阻式同步电机中，永磁含有量较小，永磁的主要作用是励磁、提高功率因数、效率和较小逆变器的容量。由于永磁磁通量较小，因此弱磁容易，有很高的恒功率比范围，可以很方便地解决永磁电动机的恒功率调节问题。图1-1-11所示为磁阻电机的结构示意图。

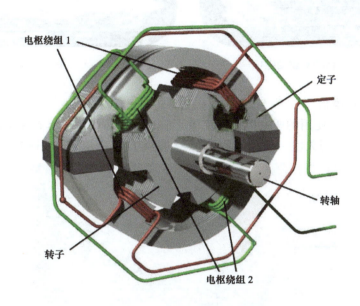

图1-1-11　磁阻电机结构示意图

2. 常见新能源汽车驱动电机的类型

（1）特斯拉驱动电机

特斯拉纯电动汽车的驱动电机为自主研发的三相交流感应电机（图1-1-12），拥有最优的缠绕线性，能极大地减少阻力和能量损耗，同时，相对整车，其电机体积非常小。

通过高性能信号处理器将制动、加速、减速等需求转换为数字信号，控制转动变频器将电池组的直流电与交流电相互转换，以带动三相感应电机提供汽车动力。

图1-1-12　特斯拉驱动电机

（2）北汽新能源驱动电机

图1-1-13所示是北汽新能源E150EV的驱动电机，图1-1-14所示是E150EV的电机控制器。驱动电机控制方式如下：

驱动电机控制器将动力电池提供的直流电转化为交流电，然后输出给电机。通过电机的正转来实现整车加速、减速；通过电机的反转来实现倒车。驱动电机控制器通过有效的控制策略，控制动力总成以最佳方式协调工作。

扫一扫

认识驱动电机

图 1-1-13　E150EV 驱动电机　　　　　图 1-1-14　E150EV 电机控制器

（3）比亚迪驱动电机

比亚迪纯电动汽车使用的驱动电机为交流无刷永磁同步电机，具有高密度、小型轻量化、高效率、高可靠性、高耐久性、强适应性等优点。图 1-1-15 所示为比亚迪 E6 驱动电机。

图 1-1-15　比亚迪 e6 驱动电机

驱动电机通过采集电机旋变信号进行工作。当车辆要行驶时，电机通过旋转变压器检测到电机的位置，位置信号通过控制器的处理发送相关信号给控制器 IGBT，逻辑信号控制 IGBT 开断，控制器输出近似正弦波的交流电。

（4）荣威驱动电机

荣威 e50 纯电动汽车使用的驱动电机也是永磁同步电机，电机总成采用油冷的方式冷却，如图 1-1-16 所示。

图 1-1-16 荣威 e50 驱动电机

定子是由三相绕组构成的回路,三相绕组分别为 U、V、W,以 Y 形方式连接。Y 形连接方式的特点是每个回路都连接在同一个端点,车辆的高压电缆分别连接到电机的每个绕组上。

电机转子的两端都由轴承支撑,定子产生磁场,并推动转子实现顺时针或逆时针转动。

三、任务实施

1. 实施要求

本操作任务主要完成对纯电动汽车的驱动电机总成的拆卸和安装。

（1）纯电动汽车驱动电机总成拆卸

（2）纯电动汽车驱动电机总成安装

> **警告**：不要试图分解电机总成,避免造成人身伤害及损坏电机。

2. 实施准备

1）防护装备：工作服、绝缘鞋、护目镜、绝缘帽、绝缘手套。

2）北汽新能源 EV160 或其他纯电动汽车一辆、台架、部件总成。

3）拆装专用工具、设备。

4）手工工具：新能源汽车维修组合工具。

5）辅助材料：高压电维修警示牌、绝缘地垫、干粉灭火器、清洁剂。

3. 实施步骤

（1）纯电动汽车驱动电机总成拆卸

1）拆卸蓄电池负极端子

① 拔出点火钥匙,取下水箱盖,如图 1-1-17 所示。

② 选用 10mm 扳手拆卸蓄电池负极线固定螺栓,取下负极线,并对负极接头做好防护。

注意事项：

a. 拆卸蓄电池负极前,必须确保点火开关处于关闭状态,并将车钥匙放在口袋。

b. 等待 15min 后再进行下一步操作。

c. 拆卸高压零部件前,必须做好防护措施。

d. 拆卸高压零部件时,必须使用绝缘工具。

拆卸驱动电机总成

图 1-1-17　取下水箱盖

2）拆卸车轮

① 使用钳子，拆卸左前轮四颗轮毂螺栓保护帽，如图 1-1-18 所示。

图 1-1-18　拆卸左前轮四颗轮毂螺栓保护帽

② 使用弯杆、直杆配合 21mm 套筒，拆松左前轮四颗固定螺栓，如图 1-1-19 所示。

图 1-1-19　拆松左前轮四颗固定螺栓

③ 使用钳子，拆卸右前轮四颗轮毂螺栓保护帽。

④ 使用弯杆、直杆配合 21mm 套筒，拆松右前轮四颗固定螺栓。

⑤ 举升车辆至一定高度，使用直杆配合 21mm 套筒，拆卸左、右前轮各四颗固定螺栓，并拆卸左、右前轮，如图 1-1-20 所示。

图 1-1-20　拆卸左、右前轮

3）排放齿轮油

① 使用 M10 内六角扳手拆卸齿轮箱放油螺栓，如图 1-1-21 所示。

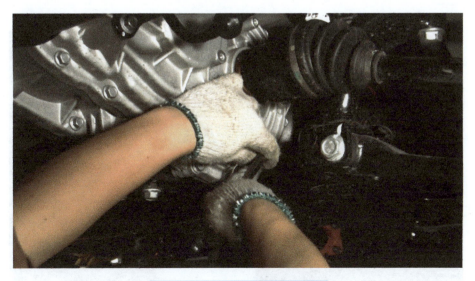

图 1-1-21　拆卸齿轮箱放油螺栓

② 排空齿轮箱油，如图 1-1-22 所示。

图 1-1-22　排空齿轮箱油

③ 用手安装齿轮箱放油螺栓。
④ 使用 M10 内六角扳手拧紧齿轮箱放油螺栓。

注意事项：

拧紧标准力矩：12.5N·m。

⑤ 使用干净的抹布清洁齿轮箱油迹，如图 1-1-23 所示。

图 1-1-23　清洁齿轮箱油迹

4）排放冷却液

① 拆卸冷却液水箱放水螺栓，如图 1-1-24 所示。

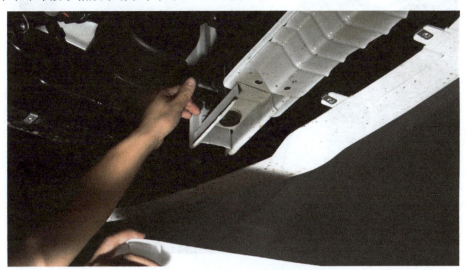

图 1-1-24　拆卸冷却液水箱放水螺栓

② 排空冷却液。

注意事项：

排空冷却液前，必须确保冷却液已经降到 60℃ 以下。

③ 拧紧水箱放水螺栓。

④ 使用干净抹布将放水螺栓处擦拭干净。

⑤ 拆卸动力电池低压控制线束插接器。

⑥ 拆卸动力电池高压线束插接器。

5）拆卸左前半轴

① 使用一字螺钉旋具，解开半轴螺栓口，如图 1-1-25 所示。

图 1-1-25　解开半轴螺栓口

②使用弯杆、直杆配合 32mm 套筒，拧松左前半轴固定螺栓，如图 1-1-26 所示。

图 1-1-26　拧松左前半轴固定螺栓

③使用一字螺钉旋具解开 ABS 轮速传感器固定线束。
④使用棘轮扳手配合 10mm 套筒，拆卸左前轮制动液管固定螺栓。
⑤使用棘轮扳手、接杆配合 18mm 套筒，另一旁用 18mm 开口扳手卡住，拆卸左前轮羊角两颗固定螺栓，如图 1-1-27 所示。

图 1-1-27　拆卸左前轮羊角两颗固定螺栓

⑥取出左前半轴固定螺栓。
⑦取出左前半轴花键与羊角连接处。
⑧取出左前半轴总成，如图 1-1-28 所示。

图 1-1-28　取出左前半轴总成

⑨ 安装羊角，带上固定螺栓。

6）拆卸右前半轴

① 使用一字螺钉旋具，解开半轴螺栓口。

② 使用弯杆配合 32mm 套筒，拆松右前半轴固定螺栓。

③ 使用一字螺钉旋具解开 ABS 轮速传感器固定线束。

④ 使用快速扳手、直杆配合 10mm 套筒，拆卸右前轮制动液管固定螺栓。

⑤ 使用弯杆、直杆配合 18mm 套筒，另一旁用 18mm 开口扳手卡住，拆卸右前轮羊角两颗固定螺栓。

⑥ 取出前半轴固定螺栓。

⑦ 取出右前半轴花键与羊角连接处。

⑧ 取出右前半轴总成。

⑨ 安装羊角，带上固定螺栓，如图 1-1-29 所示。

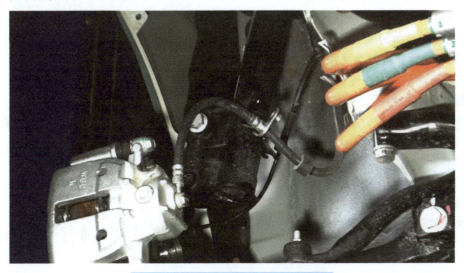

图 1-1-29　安装羊角并带上固定螺栓

7）拆卸驱动电机附属零件
① 拆卸驱动电机低压线束插接器。
② 使用一字螺钉旋具解开驱动电机低压线束插接器固定卡口。
③ 使用卡箍钳脱开驱动电机散热出水管卡箍。
④ 拔下驱动电机散热出水管。
8）拆卸变速器后扭力支架
① 选用弯杆、18mm套筒，拆下变速器后扭力支架一颗固定螺栓，如图1-1-30所示。

图1-1-30　拆下变速器后扭力支架一颗固定螺栓

② 选用弯杆、15mm套筒，拆下变速器后扭力支架两颗固定螺栓。
③ 选用弯杆、13mm套筒，拆下变速器后扭力支架两颗固定螺栓。
④ 取出变速器后扭力支架总成。

注意事项：
在拆变速器后扭力支架总成时，应防止变速器后扭力支架总成自由坠落发生意外，拆卸时必须用手扶着变速器后扭力支架总成。

⑤ 降下车辆至一定高度。
9）拆卸电机控制器
① 使用绝缘一字螺钉旋具，拆下永磁同步电机控制器低压线束端口，并将低压插接件控制线束端口放在合适位置。

注意事项：
在使用一字螺钉旋具时，螺钉旋具头部需要包裹电工胶布进行作业。

② 拆卸驱动电机控制器插接器。
③ 取出驱动电机控制器三相插接件线束插头，如图1-1-31所示。

图 1-1-31 取出驱动电机控制器三相插接件线束插头

④ 拆卸驱动电机控制器正负极高压线缆。
⑤ 使用卡箍钳拧松驱动电机控制器散热出水管卡箍，并拔出散热出水管。
⑥ 使用卡箍钳拧松驱动电机控制器散热进水管卡箍，并拔出散热进水管。
⑦ 使用绝缘工具（选用棘轮扳手、接杆和 6mm 内六角套筒）拆卸驱动电机控制器总成四颗固定螺栓，如图 1-1-32 所示。

图 1-1-32 拆卸驱动电机控制器总成四颗固定螺栓

⑧ 取下驱动电机控制器单元总成，并在干净、干燥环境下存放。
⑨ 使用电工胶布包裹驱动电机控制器三相插接件线束插头。
⑩ 使用电工胶布包裹永磁同步电机控制器高压线束正极端口和负极端口，如图 1-1-33 所示。

图 1-1-33　使用电工胶布包裹高压线束正极端口和负极端口

10）拆卸 PDU 总成
① 使用绝缘一字螺钉旋具拆卸 PDU 的 12V 线束三个固定卡扣，如图 1-1-34 所示。

图 1-1-34　拆卸 PDU 的 12V 线束固定卡扣

注意事项
在使用一字螺钉旋具时，螺钉旋具头部需要包裹电工胶布进行作业。
② 取下低压蓄电池正极端口防护盖。
③ 使用绝缘工具 13mm 扳手拧松 PDU 的 12V 线束固定螺栓。
④ 拆卸低压蓄电池正极固定螺栓，如图 1-1-35 所示。

图 1-1-35 拆卸低压蓄电池正极固定螺栓

⑤ 使用绝缘十字螺钉旋具，拆卸 PDU 电子分配单元低压搭铁线束固定螺栓。
⑥ 使用绝缘一字螺钉旋具，拆卸低压控制线束插接器，如图 1-1-36 所示。

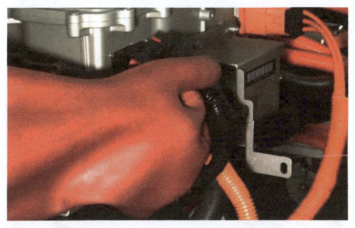

图 1-1-36 拆卸低压控制线束插接器

⑦ 拆卸慢充高压线束插接器。
⑧ 拆卸空调高压线束插接器，如图 1-1-37 所示。

图 1-1-37 拆卸空调高压线束插接器

⑨ 拆卸高压 PTC 加热控制模块线束插接器，如图 1-1-38 所示。

图 1-1-38 拆卸高压 PTC 加热控制模块线束插接器

⑩ 使用绝缘工具（选用棘轮扳手、接杆和 T30 套筒）拆卸 PDU 动力电池组高压线束固定螺栓，并取出动力电池组高压线束。

⑪ 选用棘轮扳手、接杆和 T30 套筒拆卸电机控制器高压线束固定螺栓，并取出电机控制器高压线。

⑫ 选用棘轮扳手、接杆和 T30 套筒拆卸快充高压线束固定螺栓（图 1-1-39），并取出快速充电高压线束。

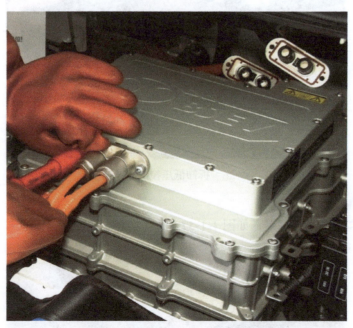

图 1-1-39 拆卸快充高压线束固定螺栓

⑬ 使用电工胶布包裹快速充电高压线束插接器、空调高压线束插接器、永磁同步电机控制器高压线束插接器、动力电池组高压线束插接器。

⑭ 使用电工胶布包裹 PDU 快充接头、PDU 电动压缩机接头、PDU 驱动电机控制器线缆接头、PDU 动力电池线缆接头。

⑮ 使用卡箍钳脱开 PDU 进水管卡箍，并取下 PDU 进水管。

⑯ 使用卡箍钳脱开 PDU 出水管卡箍，并取下 PDU 出水管。
⑰ 选用棘轮扳手、接杆和 13mm 套筒拆卸四颗 PDU 总成固定螺栓。
⑱ 两名维修人员协作取下 PDU 电子分配单元总成，并放置干净、干燥环境下存放。

11）拆卸低压蓄电池总成

① 选用棘轮扳手、10mm 套筒，拆卸低压蓄电池正极线束端口固定螺栓（图 1-1-40），并取下正极线束。

图 1-1-40　拆卸低压蓄电池正极线束端口固定螺栓

② 选用棘轮扳手、接杆和 10mm 套筒，拆卸低压蓄电池总成固定螺栓。
③ 取下固定压块和蓄电池总成。
④ 使用一字螺钉旋具拆卸，蓄电池正极 12V 线束两个固定卡扣。
⑤ 选用棘轮扳手、接杆和 13mm 套筒，拆卸低压蓄电池托架六颗固定螺栓，并取出电池托架。

12）拆卸托架总成

① 使用一字螺钉旋具拆卸低压线束十个固定卡扣。
② 选用棘轮扳手、接杆和 12mm 套筒，拆卸托架总成四颗固定螺栓。
③ 两名维修人员协作取下托架总成。
④ 选用棘轮扳手、接杆和 18mm 套筒，拧松驱动电机机脚一颗固定螺栓，如图 1-1-41 所示。

图 1-1-41　拧松驱动电机机脚固定螺栓

⑤选用棘轮扳手、接杆和15mm套筒，拧松齿轮箱机脚两颗固定螺栓，如图1-1-42所示。

图1-1-42 拧松齿轮箱机脚固定螺栓

⑥选用棘轮扳手、接杆和13mm套筒，拧松齿轮箱机脚一颗固定螺栓。

⑦将拆卸驱动电机总成干净、干燥环境下存放。

（2）驱动电机安装

1）安装驱动电机总成

①将驱动电机总成安装到车架上。

②使用棘轮扳手、接杆、15mm套筒安装齿轮箱机脚胶两颗固定螺栓，并紧固。拧紧标准力矩：（45±5）N·m。

③使用棘轮扳手、接杆、13mm套筒安装齿轮箱机脚胶一颗固定螺栓，并紧固。拧紧标准力矩：30N·m。

④使用棘轮扳手、接杆、18mm套筒安装驱动电机机脚胶一颗固定螺栓，并紧固。拧紧标准力矩：（65±5）N·m。

2）安装托架总成

①两名维修人员协作安装托架总成，如图1-1-43所示。

安装驱动电机总成

图1-1-43 安装托架总成

②使用棘轮扳手、接杆和12mm套筒安装四颗固定螺栓，并紧固。

拧紧标准力矩：25N·m。

③安装低压线束固定卡扣。

3）安装低压蓄电池总成

①安装低压蓄电池托架，如图1-1-44所示。

图1-1-44　安装低压蓄电池托架

②使用棘轮扳手、接杆和13mm套筒安装电池托架六颗固定螺栓，并紧固。

拧紧标准力矩：15N·m。

③安装蓄电池总成。

④安装固定压块。

⑤使用棘轮扳手、接杆和10mm套筒安装固定螺栓，并紧固。

拧紧标准力矩：15N·m。

⑥安装正极线。

⑦使用棘轮扳手、10mm套筒安装低压蓄电池正极线束端口固定螺栓，并紧固。

拧紧标准力矩：10N·m。

4）安装PDU总成

①两名维修人员协作将PDU总成安装到车上。

②选用接杆和13mm套筒安装PDU总成四颗固定螺栓，并紧固PDU总成四颗固定螺栓，如图1-1-45所示。

图1-1-45　安装PDU总成四颗固定螺栓

安装PDU总成

拧紧标准力矩：20N·m。
③ 安装 PDU 总成出水管。
④ 使用卡箍钳安装卡箍，并确认安装到位。
⑤ 安装 PDU 总成进水管。
⑥ 使用卡箍钳安装卡箍，并确认安装到位。
⑦ 安装 PDU 慢充高压线束插接器。

注意事项：
在维修新能源汽车中，所有黄色高压线都有高压互锁装置，须互锁到位。
⑧ 安装低压插接件控制线束端口。
⑨ 安装 PTC 加热控制模块线束插接器。
⑩ 安装驱动电机控制器高压线缆。
⑪ 使用绝缘工具（接杆和 T30 套筒）安装电机控制器高压线接头固定螺栓并紧固。
拧紧标准力矩：6N·m。
⑫ 安装 PDU 动力电池高压线缆。
⑬ 使用绝缘工具（接杆和 T30 套筒）安装动力电池高压线缆固定螺栓并紧固。
拧紧标准力矩：6N·m。
⑭ 安装快速充电高压线线缆。
⑮ 使用绝缘工具（棘轮扳手、接杆和 T30 套筒）安装快速充电高压线线缆固定螺栓，并紧固。
拧紧标准力矩：6N·m。
⑯ 安装电动压缩机高压线缆插接器。
⑰ 使用绝缘工具（绝缘十字螺钉旋具）安装 PDU 总成低压搭铁线束固定螺栓，并紧固。
拧紧标准力矩：5N·m。
⑱ 安装 PDU 的 12V 线束卡扣。
⑲ 使用绝缘工具（13mm 开口扳手）安装 PDU 低压蓄电池正极线束固定螺栓并紧固，如图 1-1-46 所示。

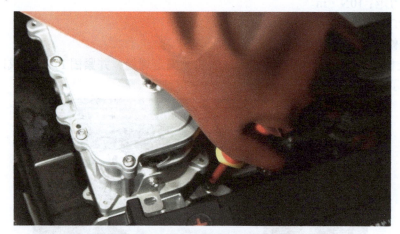

图 1-1-46　安装 PDU 低压蓄电池正极线束固定螺栓

拧紧标准力矩：6N·m。
⑳ 清除防护胶带。

5）安装驱动电机控制器总成

① 选用绝缘工具（接杆和6mm内六角套筒）安装驱动电机控制器总成四颗固定螺栓。

② 选用绝缘工具（棘轮扳手、接杆和6mm内六角套筒）紧固固定螺栓。

拧紧标准力矩：15N·m。

③ 安装驱动电机控制器散热出水管，并使用合适的工具紧固驱动电机控制器散热出水管卡箍。

拧紧标准力矩：4N·m。

④ 检查永磁同步电机控制器散热出水管是否安装到位。

⑤ 安装驱动电机控制器散热进水管，并使用合适的工具紧固驱动电机控制器散热进水管卡箍，如图1-1-47所示。

拧紧标准力矩：4N·m。

图 1-1-47　紧固驱动电机控制器散热进水管卡箍

⑥ 检查永磁同步电机控制器散热进水管是否安装到位。

⑦ 安装驱动电机控制器连接线束。

将高压驱动电机模块线束互锁端口锁紧，并检查是否固定到位。

注意事项：

在维修新能源汽车中，所有黄色高压线都有高压互锁装置，须互锁到位。

⑧ 安装驱动电机控制器正负极高压线束。

将正极端口和负极端口互锁端口锁紧，并检查是否固定到位。

⑨ 安装永磁同步电机控制器低压线束端口，并安装到位。

⑩ 举升车辆至一定高度。

6）安装左前半轴总成

① 安装左前半轴，并确保到位。

② 取下羊角固定螺栓，安装左前半轴花键与羊角连接处。

③ 安装两颗羊角固定螺栓和螺母。

选用棘轮扳手、梅花开口扳手、接杆、18mm套筒，预紧固定螺栓后使用力矩扳手，拧紧固定螺栓。

拧紧标准力矩：(60 ± 5)N·m。

④安装ABS轮速传感器固定线束。

⑤安装左前轮制动液管固定螺栓。

选用棘轮扳手、接杆、10mm套筒紧固固定螺栓。

拧紧标准力矩：10N·m。

⑥安装左前半轴固定螺栓。

选用棘轮扳手、32mm套筒紧固固定螺栓。

拧紧标准力矩：(120 ± 5)N·m。

⑦使用一字螺钉旋具，铆住半轴螺栓口。

7）安装右前半轴总成

①安装右前半轴，并确保到位。

②取下羊角固定螺栓，安装右前半轴花键与羊角连接处。

③安装两颗羊角固定螺栓和螺母。

选用棘轮扳手、梅花开口扳手、接杆、18mm套筒，预紧固定螺栓后使用力矩扳手，拧紧固定螺栓。

拧紧标准力矩：(60 ± 5)N·m。

④安装ABS轮速传感器固定线束。

⑤安装右前轮制动液管固定螺栓。

选用棘轮扳手、接杆、10mm套筒紧固固定螺栓。

拧紧标准力矩：10N·m。

⑥安装右前半轴固定螺丝。

选用弯杆、32mm套筒紧固固定螺栓。

拧紧标准力矩：(120 ± 5)N·m。

⑦使用一字螺钉旋具，铆住半轴螺栓口。

8）安装变速器后扭力支架

①安装变速器后扭力支架总成。

②安装五颗固定螺栓。

a.选用棘轮扳手、18mm套筒，预紧变速器后扭力支架一颗固定螺栓后使用力矩扳手拧紧。

拧紧标准力矩：60N·m

b.选用棘轮扳手、15mm套筒，预紧变速器后扭力支架两颗固定螺栓后使用力矩扳手拧紧。

拧紧标准力矩：45N·m

c.选用棘轮扳手、13mm套筒，预紧变速器后扭力支架两颗固定螺栓后使用力矩扳手拧紧。

拧紧标准力矩：30N·m

9）安装驱动电机附属零件

①安装驱动电机低压线束插接器固定卡口，如图1-1-48所示。

图 1-1-48　安装驱动电机低压线束插接器固定卡口

② 安装驱动电机低压线束插接器，如图 1-1-49 所示。

图 1-1-49　安装驱动电机低压线束插接器

③ 安装驱动电机散热出水管。
④ 使用大箍钳安装驱动电机散热出水管卡箍，如图 1-1-50 所示。

图 1-1-50　安装驱动电机散热出水管卡箍

10）安装动力电池高压线束插接器

① 安装动力电池高压线束插接器，并将动力电池高压线束互锁端口锁紧，如图 1-1-51 所示。

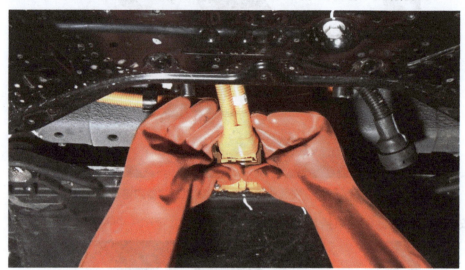

图 1-1-51　安装动力电池高压线束插接器

注意事项：

在维修新能源汽车中，所有黄色高压线都有高压互锁装置，需互锁到位。

② 检查动力电池高压线束，是否插接到位。

③ 安装动力电池低压控制线束，如图 1-1-52 所示。

图 1-1-52　安装动力电池低压控制线束

④ 旋紧动力电池低压控制线束插接器。

⑤ 检查动力电池低压控制线束，是否插接到位。

11）齿轮箱油的加注

① 使用 M10 内六角扳手拆卸齿轮箱油液面螺栓。

② 使用 M10 内六角扳手拆卸齿轮箱加油螺栓。
③ 从齿轮箱加油螺栓口处加注齿轮箱油，如图 1-1-53 所示。

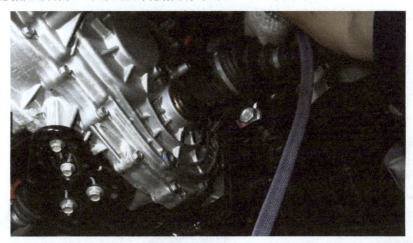

图 1-1-53　加注齿轮箱油

④ 待齿轮箱油从齿轮箱液面螺栓口处溢出齿轮箱油，则说明齿轮箱油已达到规定的容量。
⑤ 用手安装齿轮箱液面螺栓。
⑥ 使用 M10 内六角扳手工具紧固齿轮箱观察加油螺栓。
拧紧标准力矩：12.5N·m。
⑦ 用手安装齿轮箱加注螺栓。
⑧ 使用 M10 内六角扳手工具紧固齿轮箱加注螺栓，如图 1-1-54 所示。

图 1-1-54　紧固齿轮箱加注螺栓

拧紧标准力矩：12.5N·m。

12）安装车轮

① 安装右前车轮到合适位置，如图 1-1-55 所示。

图 1-1-55　安装右前车轮到合适位置

② 安装右前轮四颗固定螺栓。
③ 使用轮胎扳手，预紧右前轮四颗固定螺栓。
④ 安装左前轮胎到合适位置。
⑤ 安装左前轮四颗固定螺栓。
⑥ 使用轮胎扳手，预紧左前轮四颗固定螺栓。
⑦ 降下车辆至一定高度。
⑧ 使用力矩扳手、接杆、21mm 套筒，拧紧右前轮胎螺栓。

标准力矩：60N·m。

⑨ 使用力矩扳手、接杆、21mm 套筒，拧紧左前轮胎螺栓。

标准力矩：60N·m。

13）冷却液的添加

① 降下车辆，打开水箱冷却液加注盖。
② 添加冷却液至 MAX 和 MIN 之间。
③ 拧紧水箱冷却液加注盖。
④ 打开点火开关，使冷却液进入循环状态。

（3）6S 规范操作

根据 6S 规范执行。

四、任务考核

目标		考核题目	得分
知识目标	1	（1）（单选）（　　）是纯电动汽车唯一的动力源，可向外输出转矩，驱动汽车前进后退；同时也可以作为发电机发电。 A.动力电池　　B.变速器　　C.压缩机　　D.驱动电机 （2）（判断）驱动电机是一种将电能转化成动能，用来驱动其他装置的电气设备。（　　） （3）驱动电机对于新能源汽车来说就像人的心脏一样重要，它负责给整车提供驱动力，是新能源汽车驱动系统的核心部件之一。（　　）	
	2	（1）（多选）属于新能源汽车驱动电机特点的是（　　）。 A.体积小　　B.功率密度大　　C.重量大　　D.可靠性好 （2）（判断）由于新能源汽车的整车空间有限，因此第一要求驱动电机的结构紧凑、尺寸要小。（　　） （3）（判断）基于汽车用户的体验，新能源汽车驱动电机还需关注电机自身的安全性和舒适度。（　　）	
	3	（1）（单选）（　　）是输出或输入为直流电的旋转电机，它是能实现电能和机械能互相转换的电机。 A.直流电机　　B.交流异步电机　　C.磁阻电机　　D.永磁同步电机 （2）（单选）（　　），又称"感应电机"，即转子置于旋转磁场中，在旋转磁场的作用下获得一个转动力矩，因而转子转动。转子是可动的导体，通常多呈鼠笼状。 A.直流电机　　B.交流异步电机　　C.永磁同步电机　　D.磁阻电机 （3）同步电机是指转子转速与定子旋转磁场的转速同步的电机，电机的转子为永磁磁体，转子磁体的N极、S极随着定子绕组的旋转磁场磁极的移动而旋转。磁场产生磁通量，电枢完成电能与机械能的转换。（　　）	
技能目标		（1）（单选）关于纯电动汽车驱动电机的拆卸，第一步要做（　　）。 A.冷却液的排放　　B.拆卸轮胎 C.齿轮油的排放　　D.拆卸蓄电池负极端子 （2）（判断）拆卸蓄电池负极前，必须确保点火开关处于关闭状态，并将车钥匙放在口袋，等待30min后方可进行下一步操作。（　　） （3）（判断）在维修新能源汽车中，所有黄色高压线都有高压互锁装置，须互锁到位。（　　）	

总分：　　　分

教师评语：

任务二　驱动电机结构认知

学习目标

◎ 知识目标
1. 能够描述纯电动汽车驱动电机结构和技术参数特点。
2. 能够描述混合动力汽车驱动电机结构和技术参数特点。

◎ 技能目标
1. 能够认识纯电动汽车驱动电机结构。
2. 能够认识混合动力汽车驱动电机结构。

一、任务导入

你的主管让你向其他的机电维修技师介绍新能源汽车驱动电机的结构,你能完成这个任务吗?

二、获取信息

从当前的应用情况来看,大多数纯电动汽车和混合动力汽车使用的电机都是三相永磁同步电机,由于作为驱动电机需要具有一定的输出功率,因此汽车上的电机都在有限的转矩输出下,设计成高速电机。

一般来说,作为混合动力汽车和纯电动汽车的驱动电机所起的作用都相同,既作为电动机使用,也同时作为发电机使用。

> **引导问题1**　纯电动汽车驱动电机的结构和技术参数有何特点?

纯电动汽车对驱动电机在功率和稳定性上有更高的要求。以下以北汽新能源纯电动汽车为例,介绍纯电动汽车驱动电机的结构和技术参数。

1. 驱动电机结构和性能特点

北汽新能源纯电动汽车采用永磁同步电机,具有效率高、体积小、重量轻及可靠性高的特点。图1-2-1是北汽新能源汽车EV160采用的C33DB永磁同步电机的外观示意图,图1-2-2是驱动电机在实车上的位置。

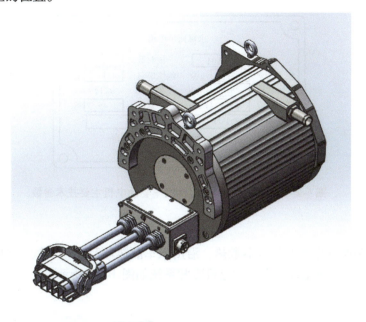

图 1-2-1 北汽 EV160 永磁同步电机外观示意图

图 1-2-2 北汽新能源汽车驱动电机在实车上的位置

电机使用了一些传感器来提供电机的工作信息。这些传感器包括：
1）旋转变压器：用以检测电机转子位置。
2）温度传感器：用以检测电机绕组温度。
驱动电机的输出动作主要是靠控制单元给定命令执行，即控制器输出命令。控制器主要是将输入的直流电逆变成电压和频率可调的三相交流电，供给配套的三相交流永磁同步电机使用。

2. 电机系统主要技术参数

北汽新能源纯电动汽车驱动电机主要技术参数见电机铭牌，如图 1-2-3 所示。

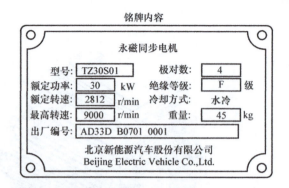

图 1-2-3　北汽新能源纯电动汽车驱动电机主要技术参数

3. 冷却性能

冷却系统是为驱动电机和控制器散热，沿用原车散热器及膨胀水箱，采用电动水泵，全新设计水管。北汽新能源纯电动汽车驱动电机冷却系统如图 1-2-4 所示。

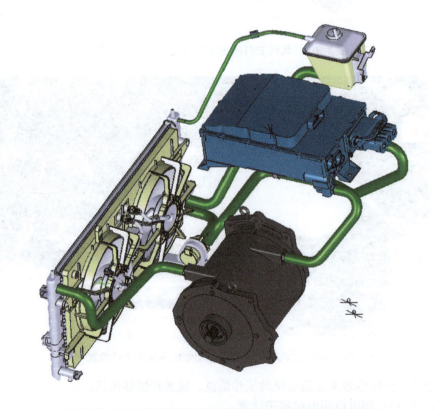

图 1-2-4　北汽新能源纯电动汽车驱动电机冷却系统示意图

电机温度保护方式如下：

当控制器监测到驱动电机温度传感器显示：120℃≤温度＜140℃时，降功率运行；温度≥140℃时，降功率至0，即停机。

> **引导问题 2** 混合动力汽车驱动电机的结构和参数有哪些特点？

1. 混合动力汽车驱动电机总体结构组成和性能特点

以普锐斯 THS Ⅱ 驱动桥为例，混合动力变速驱动桥由发电机 MG1、驱动电机 MG2 和行星齿轮组成（图 1-2-5）。

图 1-2-5 普锐斯 THS Ⅱ 驱动桥

其中，MG1、MG2 定子绕组采用三相 Y 形连接，每相由四个绕组并联，可以在给电机输入较大电流下，获得最大转矩和最小转矩脉动。此外，MG1、MG2 均采用永磁体转子，稀土永磁材料作为永磁体，安装在转子铁心内部（内埋式永磁转子）。转子内的永磁体为 V 形，这样永磁体既有径向充磁，又有横向充磁，有效集中了磁通量，提高电机的转矩。如图 1-2-6 所示为驱动电机转子永磁体结构形式。从永磁转子的磁路特点分析，内埋式永磁转子结构改变了电机交、直轴磁路，可以改善电机的调速特性，拓宽速度范围。

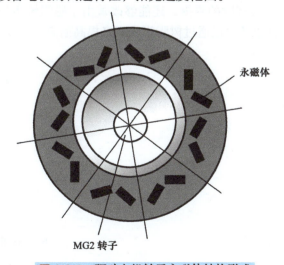

图 1-2-6 驱动电机转子永磁体结构形式

THS 提高了车辆的燃油经济性，实现了顺畅的加速感以及静音特性等。由于 THS 的驱动电机与发动机并列布置在车辆上，因此对驱动电机的小型化要求十分严格，它实现了 THS 所要求的电机性能，包括小型化、低损耗以及小型化所带来的冷却与绝缘性能改善。

与前款车型的 THS 相比，新车型的 THS Ⅱ 不仅将输出功率在 50 kW 的基础上增加了 20%，还通过增加减速齿轮将最大转矩从 400N·m 降到 207 N·m，降低了约一半。最高转速增加到原来的 2 倍以上为 6000～l3900r/min，定子尺寸也减了 27%。图 1-2-7 所示为普锐斯 THS Ⅱ 驱动电机结构和性能提升。

图 1-2-7　普锐斯 THS Ⅱ 驱动电机结构和性能提升

如图 1-2-8 所示为普锐斯 THS、THS Ⅱ 驱动电机转子的变化。THS Ⅱ 的转子磁铁断面成 V 形布置，不但能够降低高速旋转时的磁损，还能够改善由于磁阻转矩分量的增加造成的电流值下降。另外，V 形布置磁铁也还可以通过树脂膜成型来提高耐离心强度。

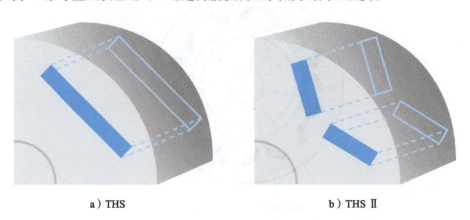

a）THS　　　　　　　　　　b）THS Ⅱ

图 1-2-8　普锐斯 THS、THS Ⅱ 驱动电机转子的变化

同时，THS Ⅱ 也更利于发电机小型化。如图 1-2-9 所示为普锐斯 THS、THS Ⅱ 驱动电机外形的变化。开发的新式线圈为绕线管排列方法，发电机将绕组方式从分布绕组改为高密度集中绕组，使得电机尺寸减小约 34%。

图 1-2-9　普锐斯 THS、THS Ⅱ 驱动电机外形的变化

2. 冷却润滑性能特点

THS Ⅱ 利用变速器内部齿轮润滑油即 ATF（Automatic Transmission Fluid）实现绕组的冷却，将驱动电机的热量传导到壳体上。

如图 1-2-10 所示普锐斯 THS Ⅱ 驱动电机润滑冷却系统，ATF 存留于变速器的最低位置，通过差速齿轮与塔轮的旋转，将 ATF 从油箱搅起，临时贮存于位于上部的 ATF 采集箱中，ATF 受重力作用填充到定子与壳体之间的间隙中，实现定子到壳体的热传递。ATF 吸收绕组端部的热量，将其传递到油箱，再传递到壳体。

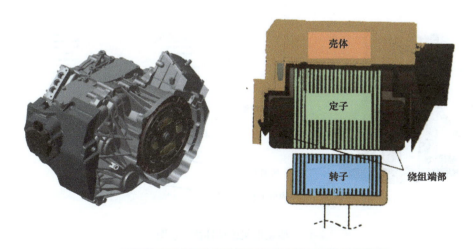

图 1-2-10　普锐斯 THS Ⅱ 驱动电机润滑冷却系统

图 1-2-11 是 ATF 从绕组到壳体的导热回路模型，一般用热阻模型来表示各个部位热传递的快慢。

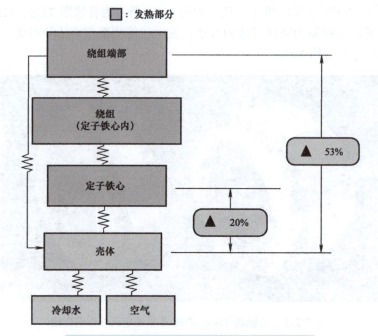

图 1-2-11　ATF 从绕组到壳体的导热回路模型

3. 绝缘性能特点

将驱动电机的电源电压从 500V 提高到 650V 之后，逆变器开关切换时电机受到的冲击电压也提高了约 30%。最容易受切换冲击影响的是 U、V、W 间的各个相间绝缘性与对地绝缘性，为了确保其绝缘性能，如图 1-2-12 所示，增加插入相间的绝缘纸，提高耐冲击性能。此外，考虑各绕组的电压分配，对绕组连接方式进行改进，降低相邻绕组之间的电动势，提高耐冲击性能。

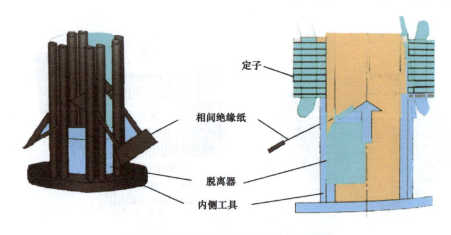

图 1-2-12　驱动电机绝缘性能示意图

三、任务实施

1. 实施要求

本操作任务主要完成对新能源汽车驱动电机结构的认识。

（1）纯电动汽车驱动电机铭牌参数认识

（2）纯电动汽车驱动电机零部件认识

> **！警告**：不要试图分解电机总成，避免造成人身伤害及损坏电机。

2. 实施准备

1）防护装备：常规实训装备。

2）车辆、台架、总成：北汽新能源 EV160 纯电动汽车驱动电机结构台架。

3. 实施步骤

北汽 EV160 驱动电机系统是纯电动汽车三大核心部件之一，是车辆行驶的主要执行机构，其特性决定了车辆的主要性能指标，直接影响车辆动力性、经济性和用户驾乘感受。

（1）驱动电机铭牌参数认识

1）驱动电机主要参数指标，如图 1-2-13 所示。

2）驱动电机具有效率高、体积小、重量轻及可靠性高等优点。

3）驱动电机是动力系统的重要执行机构，是电能与机械能转化的部件。

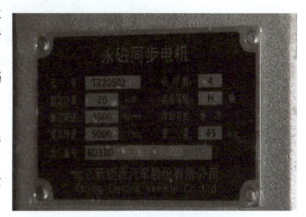

图 1-2-13　驱动电机主要参数

4）驱动电机自身的运行状态等信息可以被采集到驱动电机控制器。

5）驱动电机依靠内置传感器来提供电机的工作信息，这些传感器包括：旋转变压传感器、温度传感器。

（2）电机零部件认识

1）定子，如图 1-2-14 所示。

图 1-2-14　定子

2)低压连接器端子,如图 1-2-15 所示。

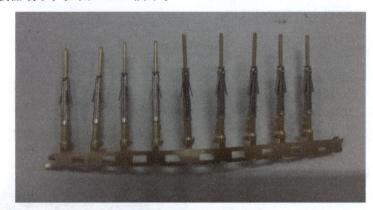

图 1-2-15　低压连接器端子

3)支架组件,如图 1-2-16 所示。

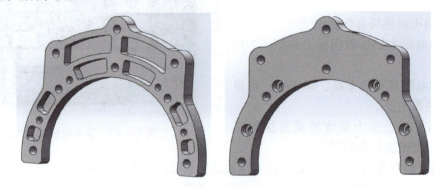

图 1-2-16　支架组件

4)接线盒盖板 1,如图 1-2-17 所示。

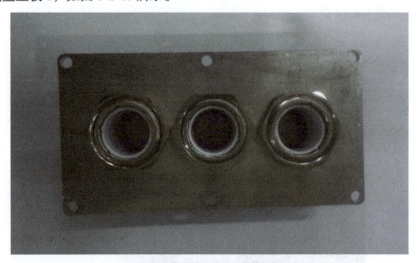

图 1-2-17　接线盒盖板 1

5)接线盒盖板 2,如图 1-2-18 所示。

图 1-2-18 接线盒盖板 2

6）引出线组件 1，如图 1-2-19 所示。

7）引出线组件 2，如图 1-2-20 所示。

图 1-2-19 引出线组件 1

图 1-2-20 引出线组件 2

8）接线板组件，如图 1-2-21 所示。

9）接线盒，如图 1-2-22 所示。

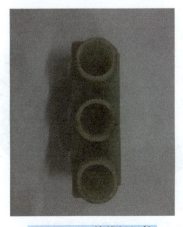

图 1-2-21 接线板组件

图 1-2-22 接线盒

10）密封垫片，如图 1-2-23 所示。

11）外接水嘴，如图 1-2-24 所示。

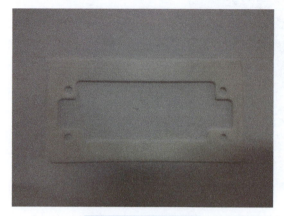
图 1-2-23 密封垫片

图 1-2-24 外接水嘴

12）O 形密封圈，如图 1-2-25 所示。

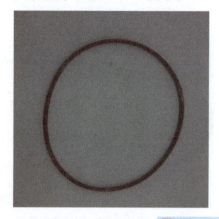
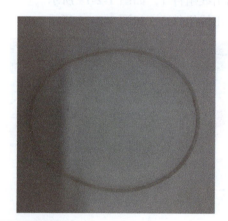
图 1-2-25 O 形密封圈

13）连接器，如图 1-2-26 所示。

14）插接件扳手锁扣，如图 1-2-27 所示。

图 1-2-26 连接器

图 1-2-27 插接件扳手锁扣

15）插接件锁扣，如图 1-2-28 所示。

图 1-2-28　插接件锁扣

16）低压插座，如图 1-2-29 所示。

图 1-2-29　低压插座

17）电缆锁紧器，如图 1-2-30 所示。

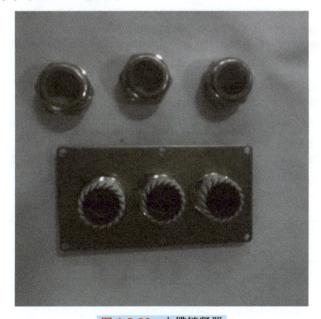

图 1-2-30　电缆锁紧器

四、任务考核

目标		考核题目	得分
知识目标	1	（1）（单选）从当前的应用情况来看，大多数纯电动汽车和油电混合动力汽车使用的电机都是（　）。 A. 三相交流异步电机　　B. 直流电机 C. 三相永磁同步电机　　D. 磁阻电机	
		（2）（判断）一般来说，作为混合动力汽车和纯电动汽车的驱动电机所起的功能都相同，即作为电动机使用，也同时作为发电机使用。（　）	
		（3）（多选）下面属于纯电动汽车的三相交流异步电机为例，它的主要技术参数有（　） A. 转速范围　B. 额定功率　C. 输出电压　D. 额定转矩	
		（4）为驱动电机和控制器散热，沿用原车散热器及膨胀水箱，采用电动水泵，全新设计水管。（　）	
	2	（1）以普锐斯 THS Ⅱ 驱动桥为例，混合动力变速驱动桥由发电机 MG1、驱动电机 MG2 组成。（　）	
		（2）（判断）普锐斯中的 MG1、MG2 定子绕组采用三相 Y 形连接，每相由四个绕组并联，可以在给电机输入较大电流下，获得最大转矩和最小转矩脉动。（　）	
		（3）（判断）THS Ⅱ 利用变速器内部齿轮润滑油即 ATF（Automatic Transmission Fluid）实现绕组的冷却，将驱动电机的热量传导到壳体上。（　）	
技能目标		（1）（单选）北汽 EV160 驱动电机是（　）类型。 A. 直流电机　　B. 永磁同步电机　　C. 交流异步电机　　D. 磁阻电机	
		（2）（多选）北汽 EV160 驱动电机主要参数有（　）。 A. 额定功率　B. 峰值转矩　C. 电压　D. 电流	
		（3）（多选）北汽 EV160 驱动电机的特点是（　）。 A. 效率高　B. 体积小　C. 重量轻　D. 可靠性高	
总分： 　　　分			
教师评语：			

项目一 新能源汽车驱动电机 | 45

任务三　驱动电机性能检测

学习目标

◎ 知识目标
1. 能够描述驱动电机的性能评价参数和检测方法。
2. 能够描述混合动力汽车驱动电机结构和技术参数特点。

◎ 技能目标
1. 能够进行纯电动汽车驱动电机检测。
2. 能够进行混合动力汽车驱动电机检测。

一、任务导入

你的主管让你检测新能源汽车驱动电机的性能，你能完成这个任务吗？

二、获取信息

　新能源汽车驱动电机有哪些性能评价参数？如何检测？

1. 驱动电机主要性能评价参数

驱动电机通常有以下性能评价参数：

（1）电量参数

电量参数包括电压、电流、功率、频率、相位、阻抗、介电强度、谐波等。

（2）非电量参数

非电量参数包括转速、转矩、温度、噪声、振动等。

通过以上这些参数，能够了解电机运行时的工作特性，对被测电机进行性能评价。

2. 驱动电机基本电量参数的检测

要测量驱动电机的电量参数，就要关注最基本的电量参数：电压、电流、功率、频率和相位。这些参数是通过电子测量仪器进行测量的，根据测量项目的不同，一般会用到电压表、电流表、功率表和频率表等。实际上，当前的电流参数测量技术非常成熟，通常使用功率分析仪（或功率计）即可满足电机所有基本电量参数的测量需求。

功率分析仪（图1-3-1）实际上是电压表、电流表、功率表和频率表的有机融合，它实现了高精度的电压、电流、频率、相位实时采集，并实时运算出功率结果，可以为使用者提供精准的电机电量参数测试结果，且不同参数之间的采集在时基上是同步的，保证了数据的有效性。

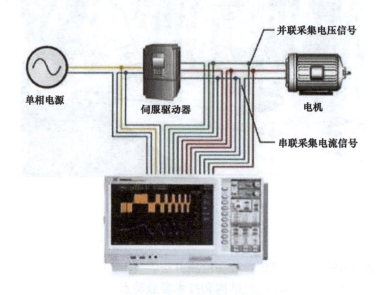

图1-3-1　功率分析仪

针对这些电量参数的测试，测试仪器有对应的测试指标，如精度、带宽和采样率等，测试人员在选择测试仪器时要注意仪器的指标是否满足自身需要与相关测试标准要求。

3. 电机性能测试

电机性能测试有负载特性测试、$T\text{-}n$ 曲线测试、耐久性测试、空载测试、堵转测试、起动电流。

（1）负载特性测试

测试目的：

负载试验的目的是确定电机的效率、功率因数、转速、定子电流等。

测试方法：

用伺服电动机给被测电机加载，从150%额定负载逐步降低到25%额定负载，在此范围至少选取6个测试点(必须包含100%额定负载点)，测取其电压、电流、功率、转矩和转速等参数并进行计算。

测试依据标准：

1）GB/T 22669—2008《三相永磁同步电动机试验方法》第8章 负载实验。

2）GB/T 1032—2012《三相异步电动机试验方法》第7章 负载特性实验。

从负载特性作用上看，主要是针对不同负载情况下电机特性的测试，保证电机在不同适用场合下仍能保持良好地运行，保证电机质量，提高生产、生活效率。

（2）T-n 曲线测试

测试目的：

描绘出电机的转速、转矩关系特性曲线。

测试方法：

通过控制被测电机的转速，测量从 0 转速到最高转速在不同转速点能输出的最大转矩，绘制出其关系曲线，见图 1-3-2。

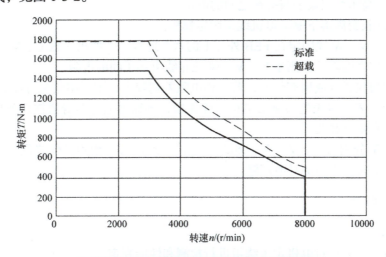

图 1-3-2　永磁同步电机转度与转矩关系图

根据不同转速对应下的转矩来判断电机基本特性，直观地表现电机运行性能，更好地评估电机的运行状态。

（3）耐久性测试

在测试软件中，可由用户设定电机按某个测试方案来进行耐久性测试，如：设定被测电机以 80% 的额定转速运行 10min，之后暂停 5min，再以 120% 的额定转速运行 10min 等。测试该运行过程中的电压、电流、效率、转矩和转速等关键信息。

引导问题 2　如何检测驱动电机的各部件？

由于驱动电机检测设备价格昂贵，在实际维修中，通常只进行电机各组成部件的检测。

以下以荣威 e50 为例介绍驱动电机定子绕组的检测方法，其他车型可参考。

1. 检测驱动电机定子绕组

1）拆下手动维修开关，等待 5min。

2）用 T30 套筒对角拆下 PEB 上的七个螺栓，其位置如图 1-3-3 所示。

3）轻轻取出 PEB 盖板。

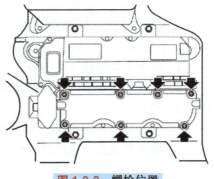

图 1-3-3　螺栓位置

4）将万用表旋至电阻档，校正万用表。

5）将万用表档位旋至交流电压档，测量 U、V、W 三相线束端子间电压。

> **！警告**：在进行电压测量时必须戴绝缘手套，并且一定要确保测量每个端子间的电压值为 0V 或者 3V 以下才可以继续拆解。

6）测量 U、V、W 三相线束端子与搭铁之间的电压。

7）将万用表旋至直流电压档，测量直流高压线束端子之间的电压。

8）测量直流高压线束端子与搭铁之间的电压。

9）用 10mm 长套筒拆下驱动电机线束固定螺栓。

10）拆下 U、V、W 线固定在 PEB 外壳上的六个螺栓，并抽出三根 U、V、W 线束。

11）使用万用表电阻档，测量 U、V、W 三相线束端子间的电阻。
测出的电阻值应相等或稍有偏差，若三相电阻差别较大，则说明电机可能有匝间短路。

12）校正万用表。黑表笔与驱动电机壳体连接，将红表笔与车身搭铁点连接，观察万用表数值变化，测试壳体连通性。

13）将红表笔分别与 U、V、W 三相线束连接，测试每一相和壳体之间的电阻数值，数值应不显示或为无限大，否则是对地短路。

三、任务实施

1. 实施要求

本操作任务主要完成对电机定子绕组进行检测和性能判定。

> **！警告**：不要试图分解电机总成，避免造成人身伤害及损坏电机。

注意：

正常情况下，在钥匙开关关闭后，高压系统还存在高压电，这是因为电机控制器中高压电容的存在造成的。需要经过一段时间的等待，高压电容中的电能才能完全释放。

2. 实施准备

1）防护装备：工作服、绝缘鞋、护目镜、绝缘帽、绝缘手套。

2）台架：北汽新能源纯电动汽车驱动电机结构台架，丰田普锐斯混合动力汽车驱动电机结构台架。

3）新能源汽车拆装专用工具、设备：万用表。

3. 驱动电机定子绕组检测实施步骤

以下以荣威 e50 为例，介绍驱动电机定子绕组的检测方法，其他车型可参考。

1）拆下手动维修开关，等待 5min。

2）佩戴绝缘手套，使用新能源汽车专用工具及 T30 套筒对角拆卸 PEB 上的七个螺栓，如图 1-3-4 所示。

3）轻轻取出 PEB 盖板，如图 1-3-5 所示。

4）将万用表旋至电阻档，校正万用表，如图 1-3-6 所示。

图 1-3-4　拆卸 PEB 上的七个螺栓

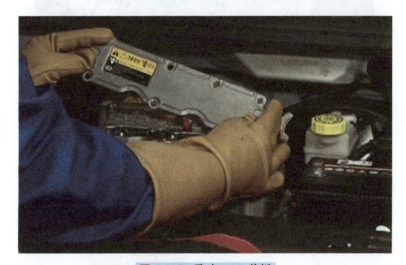

图 1-3-5　取出 PEB 盖板

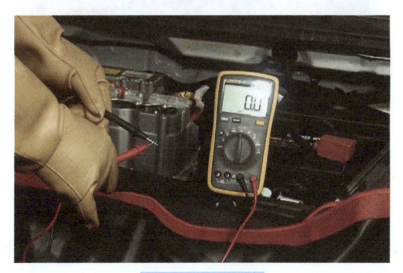

图 1-3-6　校正万用表

5）将万用表档位旋至交流电压档，测量U、V、W三相线束端子间电压，如图1-3-7所示。

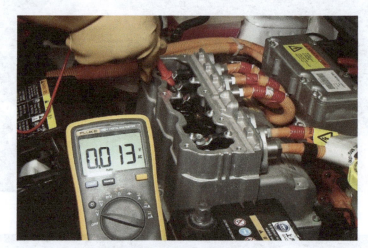

图1-3-7 测量U、V、W三相线束端子之间的电压

!**警告**：在进行电压测量时必须戴绝缘手套，并且一定要确保测量每个端子间的电压，确保每组电压值为0V或者3V以下才可以继续拆解。

6）测量U、V、W三相线束端子与搭铁之间的电压，如图1-3-8所示。

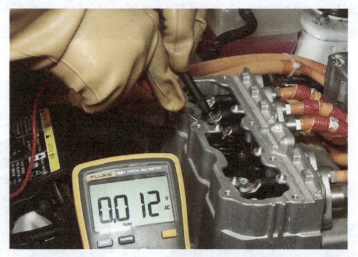

图1-3-8 测量U、V、W三相线束端子与搭铁之间的电压

7）将万用表旋至直流电压档，测量直流高压线束端子之间的电压，如图1-3-9所示。

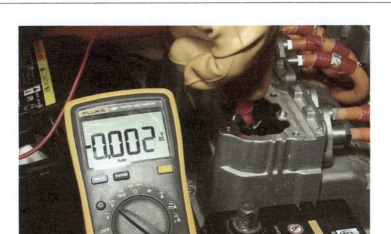

图 1-3-9　测量直流高压线束端子之间的电压

8）测量直流高压线束端子与搭铁之间的电压，如图 1-3-10 所示。

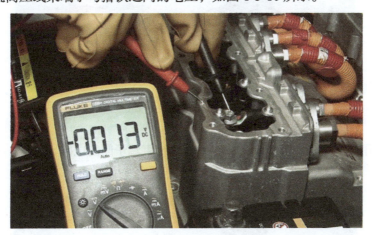

图 1-3-10　测量直流高压线束端子与搭铁之间的电压

9）使用新能源汽车专用工具及 10mm 长套筒拆卸驱动电机线束固定螺栓，如图 1-3-11 所示。

图 1-3-11　拆卸驱动电机线束固定螺栓

10）拆卸 U、V、W 三相线固定在 PEB 外壳上的六个螺栓，并抽出三根 U、V、W 三相线束，如图 1-3-12 所示。

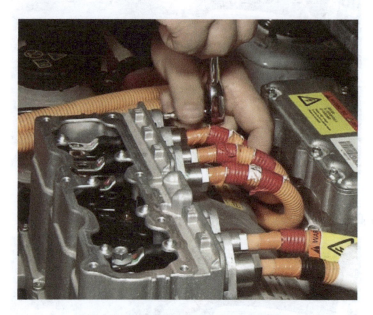

图 1-3-12　抽出三根 U、V、W 三相线束

11）使用万用表电阻档，测量 U、V、W 三相线束端子间的电阻，如图 1-3-13 所示。

图 1-3-13　测量 U、V、W 三相线束端子间的电阻

测出的电阻值应相等或稍有偏差，若三相电阻差别较大则说明电机可能有匝间短路。

12）校正万用表，将黑表笔与驱动电机壳体连接。将红表笔与车身搭铁点连接，观察万用表数值变化，测试壳体连通性，如图 1-3-14 所示。

图 1-3-14　测试壳体连通性

13）将红表笔分别与 U、V、W 三相线束连接，测试每一相和壳体之间的电阻数值，数值应不显示或为无限大，否则是对地短路，如图 1-3-15 所示。

图 1-3-15　测试每一相和壳体之间的电阻数值

四、任务考核

目标		考核题目	得分
知识目标	1	（1）（单选）不属于常见驱动电机的电量参数的是（ ）。 A. 电压　　　B. 电流　　　C. 功率　　　D. 转矩 （2）不属于常见驱动电机的非电量参数的是（ ）。 A. 频率　　　B. 转速　　　C. 转矩　　　D. 噪声 （3）功率分析仪实际上是电压表、电流表、功率表和频率表的有机融合，它实现了高精度的电压、电流、频率、相位实时采集，并实时运算出功率结果。（ ） （4）电机性能的测量参数有负载特性测试、T-N 曲线测试、耐久测试、空载测试、堵转测试、起动电流。（ ）	
	2	（1）由于驱动电机检测设备价格昂贵，通常使用较少，在实际维修中，通常只进行电机各组成部件的检测。（ ） （2）驱动电机定子绕组检测首先要做的是（ ）。 A. 用 T30 套筒对角拆下 PEB 上的七个螺栓 B. 将万用表旋至电阻档，校正万用表 C. 拆下手动维修开关，等待 5min D. 拆下 U、V、W 三相线固定在 PEB 外壳上的六个螺栓，并抽出三根 U、V、W 三相线束	
技能目标		（1）关于驱动电机定子绕组的检测，可以分解电机的总成，但要注意人身安全。（ ） （2）正常情况下，在钥匙开关关闭后，高压系统还存在高压电，这是因为电机控制器中高压电容的存在造成的。需要经过一段时间的等待，高压电容中的电能才能完全释放。（ ）	
总分：	分		
教师评语：			

项目二 新能源汽车驱动电机控制器

项目描述

新能源汽车驱动电机控制器（管理系统）是纯电动汽车和混合动力汽车的核心部件，它担负着采集车辆运行工况，并计算车辆需要的动力及输出方式，合理利用动力电池存储的能量任务。驱动电机管理系统其特性决定了车辆的主要性能指标，直接影响车辆动力性、经济性和用户驾乘感受。本项目介绍驱动电机管理系统的主要部件结构和检测技术，包含以下两个任务：

任务一　驱动电机控制器认知。

任务二　驱动电机控制器检测。

通过以上两个任务的学习，你能够了解驱动电机控制器的功能、结构组成和工作原理，掌握驱动电机控制器的更换和检测方法。

任务一　驱动电机控制器认知

扫一扫

认识电机控制器

学习目标

◎ 知识目标

1. 能够描述驱动电机控制器的功能。
2. 能够描述常见车型驱动电机控制器的安装位置、结构组成和特点。
3. 能够描述驱动电机控制器运行时的注意事项。

◎ 技能目标

能够进行驱动电机控制器总成的拆卸与安装。

一、任务导入

一辆纯电动汽车无法运行，你的主管初步判断驱动电机控制器发生故障，让你更换驱动电机控制器总成，你能完成这个任务吗？

二、获取信息

 驱动电机控制器的功能是什么？

驱动电机控制器，通常简称 MCU，主要用于管理和控制驱动电机的转速、旋转方向以及将驱动电机作为发电机发电。MCU 的功能类似于传统汽车的发动机控制单元。

目前使用在纯电动汽车上的驱动电机管理模块主要有两种类型，一种是仅用于控制驱动电机的，即 MCU；另一种是更具有集成控制功能的驱动电机管理模块，即 MCU 与 DC/DC 变换器集成，这类驱动电机管理模块也称为 PCU（图 2-1-1）。

图 2-1-1 驱动电机管理模块

DC/DC 变换器是直流转直流的电压变换器，用于将动力电池或逆变器产生的电能转换成 12V 低压电能，用于给 12V 蓄电池充电和车身电器设备供电。

将 MCU 与 DC/DC 变换器集成化是目前纯电动汽车与混合动力汽车驱动电机管理模块发展的一个趋势，集成度更高的系统既节省了成本，也利于系统之间信息的共享与车辆部件位置的布置设计。

 驱动电机控制器的安装位置在哪里？结构和特点是什么？

以下介绍具有代表性的比亚迪 e6、比亚迪秦以及北汽新能源 EV 系列车型驱动电机控制器和 DC/DC 变换器的安装位置、结构与特点。

1. 比亚迪 e6 驱动电机控制器

（1）驱动电机控制器的功能和安装位置

比亚迪 e6 的驱动电机控制器，简称电机控制器，是纯电动汽车整车驱动控制系统的核心，它的作用至关重要。它类似于传统内燃机汽车的油量调节机构，都是通过调节加速踏板的幅度来进行车速和牵引力的控制。但是电机控制器相比较油量调节机构的结构、功能更为复杂全面。电机控制器不仅接受加速踏板的加减速信号，同时接受制动踏板、电机转速、车速、电机电枢电压、电流、冷却液温度等信号，经过对这些信号的分析完成对电机的精确控制，并且电机控制器会将这些信号的数值显示在外接显示屏上，以供驾驶人随时掌握车辆状况。此外，电机控制器在电机发生过流、过压以及过热情况都会自动切断主电路，以保护汽车以及乘员的安全。如图 2-1-2 所示为比亚迪 e6 电机控制器，安装在前机舱右侧，靠近 DC/DC 变换器的位置。

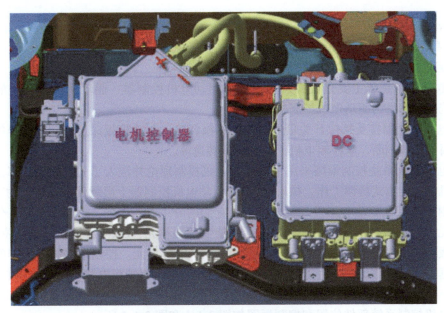

图 2-1-2　比亚迪 e6 电机控制器

驱动电机控制器类型为电压型逆变器，利用 IGBT（绝缘栅双极型晶体管）将直流电转换为交流电，额定电压为 318V，主要功能是控制电动机和发电机等根据不同工况控制电机的正反转、功率、转矩、转速等，即控制电机的前进、倒退和维持电动汽车的正常运转，关键零部件为 IGBT，IGBT 实际为大电容，目的是为了控制电流的工作，保证能够输出合适的电流参数。

驱动电机控制器总成包含上、中、下三层，上、下层为电机控制单元，中层为水道冷却单元，总成还包括低压插接件、两根动力电池正负极插接件、三根 U、V、W 三相线插接件和两个水套接头及其他周边附件，如图 2-1-3 所示。

图 2-1-3　电机控制器主要接口示意图

电机控制器的主要功能有：

1）控制电机正向驱动、反向驱动、正转发电、反转发电。
2）控制电机的动力输出，同时对电机进行保护。
3）通过 CAN 与其他控制模块通信，接收并发送相关的信号，间接控制车上相关系统正常运行。
4）制动能量回馈控制。
5）自身内部故障的检测和处理。
（2）驱动电机控制系统工作原理

驱动电机控制系统主要是由高压配电箱、驱动电机控制器、驱动电机及相关的传感器组成，该系统核心部件为驱动电机控制器。

驱动电机控制器接受档位开关信号、加速踏板深度、制动踏板深度、旋变信号等，经过一系列的逻辑处理和判断，来控制电机正、反转和转速等。

驱动电机控制系统控制策略采用了经典的电机控制理论并注入了先进的控制算法，驱动永磁同步电机以最佳方式协调工作，核心 ECU 为驱动电机控制器上层软件，所依赖的下层硬件电路包括控制电路板和驱动电路板两块电路板。它们的分工有所不同：控制板电路又分为模拟通道采样单元、模数转换单元、DSP 处理单元、旋变解码单元、CAN 通信单元、档位处理单元。驱动电路板包括信号隔离单元、保护信号选择单元、电源单元。控制电路板对采样的数据进行处理，计算出所需占空比，产生正弦脉宽调制 PWM；通过驱动板电路传递给 IGBT，供驱动电机工作。

驱动电机控制系统部件位置和控制框图如图 2-1-4 和图 2-1-5 所示。

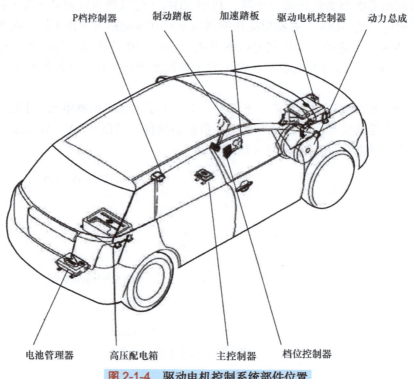

图 2-1-4　驱动电机控制系统部件位置

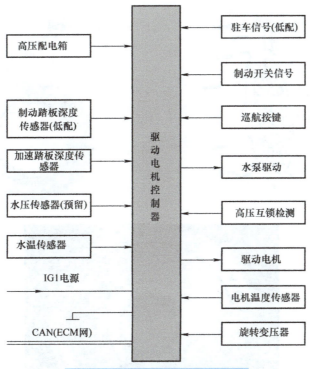

图 2-1-5 驱动电机控制系统框图

（3）旋转变压器

旋转变压器也称角度传感器，简称旋变。它是一种输出电压随转子转角变化的信号元件。电机转速由旋转变压器进行控制和监测。

比亚迪 e6 电机采用旋转变压器检测电机转子旋转的角度和位置，如图 2-1-6 和图 2-1-7 所示。

旋转变压器由电机控制器模块监测，根据旋转变压器的信号，电机控制器监测电机的角位置、转速和方向。旋转变压器包含一个励磁线圈、两个驱动线圈和一个不规则形状的金属转子。金属转子以机械方式固定在电机轴上。将点火开关置于 ON 位置时，电机控制模块输出一个 5V 交流电、一定频率的励磁信号至驱动线圈。驱动线圈励磁信号生成一个环绕两个从动线圈和不规则形状转子的磁场。然后，电机控制模块监测两个从动线圈电路，以获得一个返回信号。不规则形状金属转子的位置引起从动线圈的磁感应返回信号发生大小和形状的变化。通过比较两个从动线圈信号，电机控制模块能确定电机转子旋转角度、转速和方向。

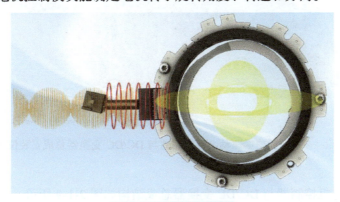

图 2-1-6 旋转变压器

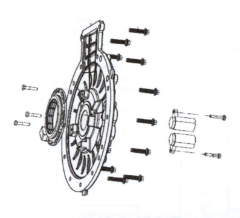

图 2-1-7　旋转变压器安装位置及结构

2. 比亚迪秦驱动电机控制器与 DC/DC 变换器总成

（1）安装位置

比亚迪秦驱动电机控制器与 DC/DC 变换器总成在整车的安装位置如图 2-1-8 所示。

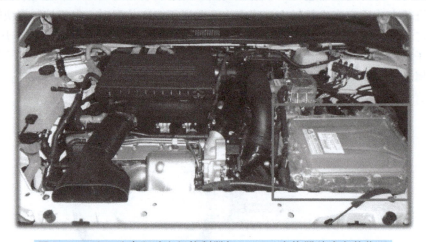

图 2-1-8　比亚迪秦驱动电机控制器与 DC/DC 变换器总成安装位置

（2）结构

比亚迪秦驱动电机控制器与 DC/DC 变换器总成结构如图 2-1-9 所示。

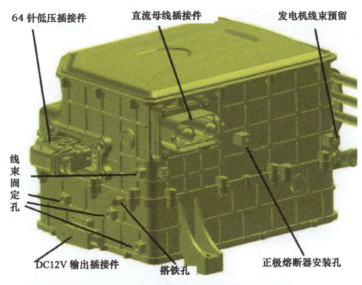

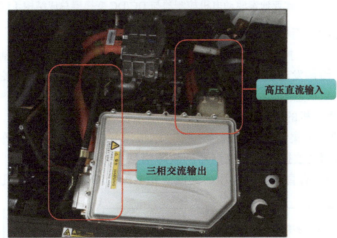

图 2-1-9 比亚迪秦驱动电机控制器与 DC/DC 变换器总成结构

图 2-1-9　比亚迪秦驱动电机控制器与 DC/DC 变换器总成结构（续）

驱动电机控制器的功用如下：

1）作为动力系统的总控制中心，控制驱动电机的运行，根据工况控制电机的正反转、功率、转矩、转速等；协调发动机管理系统工作。如图 2-1-10 所示为比亚迪秦档位控制器、驱动电机控制器与电机控制示意图。

2）通过硬件采集电机的旋变、温度，以及制动踏板、加速踏板信号。

3）通过 CAN 通信采集制动踏板深度、加速踏板深度、档位信号、驻车开关信号、起动命令、电池管理控制器相关数据、电机控制器的故障信息。

4）内部处理的信号有直流母线电压、交流三相电流、IGBT 温度、电机的三相绕组阻值。

图 2-1-10　比亚迪秦档位控制器、驱动电机控制器与电机控制示意图

DC/DC 变换器的功用如下：

1）纯电模式下，DC/DC 变换器的功能替代了传统燃油车挂接在发动机上的 12V 发电机，它和蓄电池并联给各用电器提供低压电源。DC/DC 变换器在高压（500V）输入端接触器吸合后便开始工作，输出电压标称 13.5V。

2）发动机起动发电机提供 13.5V 直流电，经过 DC/DC 变换器升压转换 500V 直流给动力电池充电。如图 2-1-11 所示为比亚迪秦动力电池、DC/DC 变换器与用电器控制示意图。

DC/DC 变换器具有降压和升压功能：

1）降压：负责将动力电池 480V 的高压电转换成 12V 电源。DC/DC 变换器在主接触吸合时工作，输出的 12V 电源供整车用电器工作，并且在低压电池亏电时给低压电池充电。

2）升压：当动力电池电量不足时，DC/DC 变换器将发电机发出的电，供整车低压用电器用电后多余的量升压后给动力电池充电及空调（A/C）用电。

图 2-1-11　比亚迪秦动力电池、DC/DC 变换器与用电器（空调）控制示意图

DC/DC 变换器系统框图如图 2-1-12 所示。

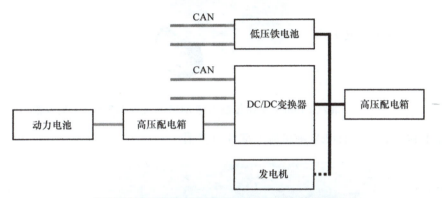

图 2-1-12　比亚迪秦 DC/DC 变换器系统框图

（3）参数

比亚迪秦驱动电机控制器与 DC/DC 变换器总成的参数见表 2-1-1。

表 2-1-1　比亚迪秦驱动电机控制器与 DC/DC 变换器总成的参数

类别	项目	参数
驱动电机	工作电压等级	480V
	最大功率	110kW
	额定功率效率	≥95%
DC/DC 变换器	高压侧	300~550V
	低压电压等级	12V
	输出电流	120A
	效率	≥90%
	重量	16kg

3. 北汽新能源 EV 驱动电机控制器与 DC/DC 变换器

（1）安装位置

如图 2-1-13 是北汽 E150EV 电机控制器与 DC/DC 变换器在整车上的位置图。

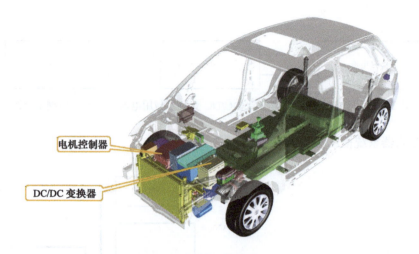

图 2-1-13　北汽 E150EV 电机控制器与 DC/DC 变换器在整车上的位置

如图 2-1-14 是北汽 E150EV 前机舱的部件位置图。

图 2-1-14　北汽 E150EV 前舱部件位置

如图 2-1-15 是北汽 EV200 前舱的部件位置图，DC/DC 变换器集成在 PDU 内部。

图 2-1-15　北汽 EV200 前舱部件位置

（2）结构

驱动电机控制器 MCU 结构如图 2-1-16 所示，它内部采用三相两电平电压源型逆变器，是驱动电机系统的控制核心，称为智能功率模块，它以 IGBT（绝缘栅双极型晶体管）为核心，辅以驱动集成电路、主控集成电路。MCU 对所有的输入信号进行处理，并将驱动电机控制系统运行状态信息通过 CAN 发送给整车控制器 VCU。驱动电机控制器内含故障诊断电路，当电机出现异常时，达到一定条件后，它将会激活一个错误代码并发送给 VCU 整车控制器，同时也会储存该故障码和相关数据。

驱动电机控制器主要依靠电流传感器、电压传感器、温度传感器来进行电机运行状态的监测，根据相应参数进行电压、电流的调整控制以及其他控制功能的完成。电流传感器用于检测电机工作实际电流，包括母线电流、三相交流电流。电压传感器用于检测供给电机控制器工作的实际电压，包括动力电池电压、12V 蓄电池电压。温度传感器用于检测电机控制系统的工作温度，包括 IGBT 模块的温度。如图 2-1-17 所示为北汽 EV 驱动电机控制器、IGBT 模块、电流传感器。

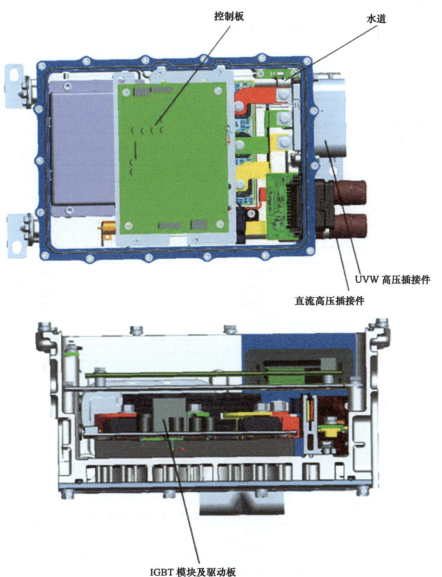

图 2-1-16　北汽 EV 驱动电机控制器 MCU 结构

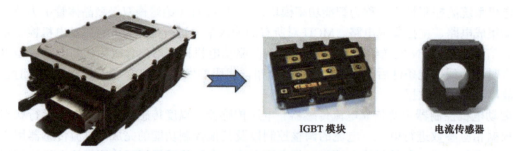

图 2-1-17　北汽 EV 驱动电机控制器、IGBT 模块、电流传感器

DC/DC 变换器安装于前舱位置，其主要功能是在车辆起动后将动力电池输入的高压电转变成低压 12V 向蓄电池充电，以保证行车时低压用电设备正常工作。

（3）技术参数

DC/DC 变换器主要技术参数如表 2-1-2 所示。

表 2-1-2　北汽 DC/DC 变换器主要技术参数

序号	项目	技术参数	备注
1	额定输入电压	DC380V	
2	输入电压范围	DC290～420V	
3	输出 DC 额定电压/电流值	DC13.5V/148A	
4	输出电压精度	≤±1%	
5	源效应	＜±0.2%	输入、输出全范围
6	负载效应	＜±0.5%	输入、输出全范围
7	输出过流保护	150~170A	
8	输入过压保护	正常	
9	输入欠压保护	正常	
10	遥控方式	遥控正对地控制加 +12V 开机	
11	过温保护	95℃关机	
12	工作频率	200kHz	±10%
13	纹波 $V_{\text{p-p}}$	≤1%V_{o}	20M 示波器，双绞线测试
14	工作效率	≥83%	额定输入、满载
15	隔离耐压	输入—输出 DC2000V/1min 输入—机壳 DC2000V/1min 输出—机壳 DC500V/1min	漏电流≤5mA
16	绝缘电阻	500MΩ	输入—输出—机壳
17	工作温度	−20℃～65℃	
18	贮存温度	−30℃～75℃	
19	工作湿度	5%~85%RH	
20	贮存湿度	5%~95%RH	
21	抗振性	频率范围：20~100Hz，+6dB/倍；80~350Hz，0.04g2/Hz；350~2000Hz，−6dB/倍频 X、Y、Z 方向各 15min	
22	冲击（半正弦）	加速度：a=50g±5g 冲击时间：8~12ms, X、Y、Z 方向各 6 次	
23	冷却方式	自然冷	
24	MTBF	50000h	
25	接线方式	航空连接器	
26	机壳尺寸	390mm×164mm×52mm	
27	产品重量	4.5kg	

引导问题 3　　驱动电机控制器运行时需要注意哪些事项？

驱动电机控制器运行时必须注意以下事项：

1）电机控制器上电顺序要求：在给电机控制器上高压电源之前，必须先将低压控制电源接通。断电时，先断开高压电源，再断开低压控制电源。

2）电机控制器不能应用在与标称电压不符的电源上，此时电机控制器或者不能正常工作，或者会被烧毁。

3）电机控制器只能与车用动力电池组配套使用，不要使用整流电源。

4）故障出现在电机及控制器的任何地方都有可能导致重大的设备损坏，甚至是严重的人身伤害（即存在潜在的危险故障），因此还必须采取附加的外部预防措施（如主接触器）用于确保安全运行，即使在故障出现时也应如此。

5）车辆停止使用或长期驻车时，需将高、低压电源断开。

6）装有该型号电机及其控制器的电动车辆出现故障，被拖车拖走维修时必须保证该电动车辆档位处于空档位置，实现电机轴伸与变速器输入的物理连接脱离，避免电机高压发电造成系统损坏以及安全事故。

三、任务实施

1. 实施要求

本操作任务主要完成对纯电动汽车的驱动电机控制器总成的拆卸和安装。

（1）纯电动汽车驱动电机控制器总成拆卸

（2）纯电动汽车驱动电机控制器总成安装

2. 实施准备

1）防护装备：工作服、绝缘鞋、护目镜、绝缘帽、绝缘手套。

2）车辆：北汽新能源 EV160 或其他纯电动车辆一辆。

3）专用工具、设备：拆装专用工具。

4）手工工具：新能源汽车维修组合工具。

5）辅助材料：高压电维修警示牌和设备、绝缘垫、干粉灭火器、清洁剂。

3. 实施步骤

（1）驱动电机控制器总成拆卸

1）选用 10mm 扳手拧松蓄电池负极线固定螺栓，取下负极线，并对负极端子做好防护，如图 2-1-18 所示。

注意事项：

① 拆卸蓄电池负极前，必须确保点火开关处于关闭状态，并将车钥匙放在口袋。

② 必须等待 15min 后方可进行下一步操作。

③ 拆卸高压零部件前，必须做好防护措施。

④ 拆卸高压零件时，必须使用绝缘工具。

2）使用绝缘一字螺钉旋具，拆卸永磁同步电机控制器低压线束端口。

注意事项：

① 在使用一字螺钉旋具时，头部需要包裹电工胶布进行作业；

拆卸电机控制器

②取下低压插接件控制线束端口,并将低压插接件控制线束端口放在合适位置。

图 2-1-18　负极端子做好防护

3)拆卸驱动电机低压插接器。

4)取出驱动电机三相插接件线束插头,如图 2-1-19 所示。

图 2-1-19　取出驱动电机三相插接件线束插头

5)拆卸驱动电机控制器正负极高压线缆。

6)使用合适的工具拧松驱动电机控制器散热出水管卡箍,并拔出散热出水管,如图 2-1-20 所示。

图 2-1-20　拧松驱动电机控制器散热出水管卡箍

7）使用合适的工具拧松驱动电机控制器散热进水管卡箍，并拔出散热进水管，如图2-1-21所示。

图 2-1-21　拧松驱动电机控制器散热进水管卡箍

8）使用绝缘工具（棘轮扳手、接杆和6mm内六角套筒）拆卸驱动电机控制器总成四颗固定螺栓。

9）取下驱动电机控制器总成，并放置于干净、干燥环境，如图2-1-22所示。

图 2-1-22　取下驱动电机控制器总成

10）使用电工胶布包裹驱动电机三相插接件线束插头。

11）使用电工胶布包裹永磁同步电机控制器高压线束正极端口和负极端口，如图2-1-23所示。

图 2-1-23　永磁同步电机控制器高压线束正极端口和负极端口保护

（2）驱动电机控制器安装

1）取下驱动电机三相插接件线束插头电工胶布。

2）取下驱动电机控制器上的电工胶布。

3）安装驱动电机控制器总成，如图2-1-24所示。

安装电机控制器

图2-1-24 安装驱动电机控制器总成

4）安装驱动电机控制器总成四颗固定螺栓。

5）使用棘轮扳手、接杆和6mm内六角套筒旋入固定螺栓，并紧固。

标准力矩：15N·m。

6）安装驱动电机控制器散热出水管，使用合适的工具紧固驱动电机控制器散热出水管卡箍，并检查是否安装到位。

标准力矩：4N·m。

7）检查电机控制器散热出水管是否安装到位。

8）安装电机控制器散热进水管，使用合适的工具紧固驱动电机控制器散热进水管卡箍，并检查是否安装到位。

标准力矩：4N·m。

9）安装驱动电机控制器连接线束，并将高压驱动电机模块线束互锁端口锁紧，然后检查是否固定到位。

注意事项：

在维修新能源汽车时，所有黄色高压线都有高压互锁装置，须互锁到位。

10）安装驱动电机控制器正负极高压线束，并将正极端口和负极端口互锁端口锁紧，然后检查是否固定到位。

11）安装电机控制器低压线束端口，并安装到位，如图2-1-25所示。

图2-1-25 安装电机控制器低压线束端口

（3）6S 规范操作
根据 6S 规范执行。

四、任务考核

目标		考核题目	得分
知识目标	1	（1）（单选）驱动电机控制器，通常简称（　　），主要用于管理和控制驱动电机的运转速度、方向以及将驱动电机作为逆变电机发电。它的功能类似于传统汽车的发动机控制模块。 A.ABS　　B.MCU　　C.ECU　　D.EBD （2）（单选）目前使用在纯电动汽车上的驱动电机管理模块主要有两种类型，一种是仅用于控制驱动电机的，即 MCU；另一种是更具有集成控制功能的驱动电机管理模块，即 MCU 与 DC/DC 变换器功能，这类的驱动电机管理模块也被称为（　　）。 A.ECU　　B.ESP　　C.EBD　　D.PCD （3）（判断）DC/DC 变换器是直流 - 直流的电压变换器，用于将动力电池或逆变器产生的高压电转换成 12V 低压电，用于给 12V 蓄电池充电和车身电器设备供电。（　　） （4）（判断）将 MCU 与 DC/DC 变换器集成化是目前纯电动汽车与混合动力汽车驱动电机管理模块发展的一个趋势，集成度更高的系统既节省了成本，也利于系统之间信息的共享与车辆部件位置的布置设计。（　　）	
	2	（1）（判断）比亚迪 e6 驱动电机控制器安装在前机舱右侧，靠近 DC/DC 变换器的位置。它类似于燃油车油量调节机构，都是通过调节加速踏板的幅度来进行车速和牵引力的控制。（　　） （2）（单选）比亚迪 e6 驱动电机控制器类型为电压型逆变器，利用（　　）将直流电转换为交流电，额定电压为 318V，主要功能是控制电动机和发电机等根据不同工况控制电机的正反转、功率、转矩、转速等。 A.IGBT　　B.FET　　C.NPN　　D.PNP （3）（判断）驱动电机控制系统主要是由高压配电箱、电机控制器、驱动电机及相关的传感器组成，该系统核心为驱动电机控制器。（　　）	
	3	（1）（判断）电机系统上电顺序要求：在给电机控制器上高压电源之前，必须先将低压控制电源接通。断电时，先断开高压电源，再断开低压控制电源。（　　） （2）（判断）电机控制器不能应用在与标称电压不符的电源上，这时控制器或者不能正常工作，或者会被烧毁。（　　）	
技能目标		（1）（单选）不属于防护装备的是（　　） A. 绝缘鞋　　B. 护目镜　　C. 绝缘维修工具　　D. 工作服 （2）（判断）拆卸高压零部件前，必须做好防护措施。（　　） （3）（判断）在维修新能源汽车中，所有黄色高压线都有高压互锁装置，须互锁到位。（　　）	

总分：　　　　分

教师评语：

任务二 驱动电机控制器检测

学习目标

◎ 知识目标
　　1. 能够描述驱动电机控制器的自检方法。
　　2. 能够描述驱动电机控制器的数据流读取方法。
◎ 技能目标
　　能够进行驱动电机控制器相关参数的检测。

一、任务导入

一辆纯电动汽车无法运行,你的主管初步判断驱动电机控制器发生故障,让你对驱动电机控制器进行检测,你能完成这个任务吗?

二、获取信息

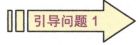 驱动电机控制器是如何进行自检的?

驱动电机控制器在控制驱动电机的同时,还会对驱动电机、相关传感器以及自身控制模块进行实时自检。大多数混合动力汽车或纯电动汽车的驱动电机控制器主要在以下方面实施自检:

1. 电机控制器供电和程序检测

（1）供电检测

电机控制器内部会有来自车辆蓄电池的 12V 参考电源，以运行驱动电机传感器及其他处理器。当连接的参考电源电压过低或过高时，电机控制器将会自动关闭，并对外输出诊断故障码。

（2）内部软件的自检测

电机控制器内部包括电机控制单元、逆变器控制单元等，这些部件都有集成电路及 CPU，在正常运行过程中，系统会对其自身读写存储器的能力进行监测，这属于电机控制器的内部故障检测，一般不能进行维修处理。

2. IGBT 性能检测

驱动电机控制器 MCU 会根据整车控制器 VCU 的指令，控制 IGBT 的接通和断开，从而来实现驱动电机的输出或作为发电机工作。在对电机逆变的过程中，通过顺序启动 IGBT 的高电流开关晶体管，控制其相应的驱动电机或发电机的速度、方向和输出转矩。同时，控制器会检测每个 IGBT 的故障情况，当发现相应故障后，会关闭逆变器功能。

3. 驱动电机 U、V、W 相电流检测

由于驱动电机或发电机使用三相交流电运行，且 IGBT 通常会对应控制驱动电机或发电机的其中一个相，各相分别标识为 U、V、W。电机控制器通过监测连接到各驱动电机或发电机三相的电流传感器，以便检测逆变器是否存在电流过大故障。

大多数电流传感器是驱动电机控制器总成内部的一部分，无法单独维修。

另外，由于所有的电机或发电机相电路是通过电气方式连接的，其电流总量应相同。电机控制器执行一次计算，以确认相电流传感器的精确性。如果 U、V、W 相电流传感器的相电流总量大致相同，则计算结果应接近零。如果 U、V、W 相电流相差较大，则会认为是故障。

4. 电机温度检测

在大多数的电机控制器模块内部会设置有温度传感器，用于检测连接电机电缆的温度，以及模块自身集成电路的温度。温度传感器是一个热敏电阻，它的电阻值随温度而改变，具有负温度系数。这表示随着温度升高，电阻减小；随着温度降低，电阻增大。

电机控制器通常向温度传感器提供一个 5V 参考电压信号，并测量电路中的电压降。当被检测的电缆或集成电路温度低时，传感器电阻大，电机控制器模块检测到高电平信号电压。当温度升高时，传感器电阻减小，信号电压也降低。

5. 驱动电机位置传感器的检测

驱动电机位置传感器由驱动电机控制器监测。根据旋转变压器型位置传感器信号，电机控制器监测驱动电机转子的角位置、转速和方向。

位置传感器包含一个主动线圈、两个从动线圈和一个不规则形状的金属转子。金属转子以机械方式固定在驱动电机的轴上。车辆起动时，电机控制器输出一个 7V 交流电、10kHz 的励磁信号至驱动线圈。主动线圈励磁信号生成一个环绕两个从动线圈和不规则形状转子的磁场。然后，电机控制器模块监测两个从动线圈电路，以获得一个返回信号。不规则金属转子的位置不同，使得从动线圈磁导返回信号的尺寸和形状也不同。通过对比两个从动线圈信号，电机控制器能够确定驱动电机转子的精确位置、速度和方向。

6. 电机控制器高压绝缘检测

驱动电机控制器利用若干内部传感器测量混合动力或纯电动汽车来自动力电池的高电压。

驱动电机控制器测试高电压正极电路或高电压负极电路和车辆底盘之间是否存在失去隔离的情况，当检测到电机控制器或者相关电路在动力电池输出高电压后，存在对车辆底盘的电阻过低情况，系统会将这一情况反馈给整车控制器，并与整车控制器一起切断车辆的高电压，避免发生事故。

> **引导问题 2** 驱动电机控制器如何进行检测？

驱动电机控制器发生故障时，可以利用故障检测仪器进行检测。下面介绍如何利用故障诊断仪器对常见车型驱动电机控制器进行检测，操作时请同时参阅对应厂家诊断仪器的操作说明书。

1. 比亚迪 e6 驱动电机控制器数据流读取

使用诊断仪读取比亚迪 e6 驱动电机控制器数据流具体步骤如下：

> **！警告：**
> 诊断仪在接通汽车后屏幕会亮起，若程序未运行或出现乱码情景，可拔下仪器的数据线重新连接一次，即可继续操作，并且请确保测试接头和诊断仪器接触良好，以保证信号传输不会中断。

1）打开诊断仪工具箱。
2）取出诊断仪连接线。
3）取出诊断仪器。
4）连接诊断仪上的诊断接头。
5）连接仪器诊断接头到车辆的故障诊断座。
6）起动车辆。
7）开启仪器电源，根据仪器屏幕提示操作。
① 选择车型诊断：比亚迪汽车。
② 选择适合的车型：比亚迪 e6。
③ 进入 e6 动力网系统。
④ 进入 VTOG 控制器。
⑤ 读取数据流，进行以下操作，观察数据流的变化。
a. 踩下制动踏板。
b. 踩下加速踏板。
c. 挂入倒档。
d. 踩下加速踏板。
e. 踩下制动踏板，挂空档。
⑥ 返回诊断仪主菜单，关闭仪器。

2. 荣威 e550 驱动电机控制器数据流读取

以荣威 e550 为例，使用诊断仪对驱动电机控制器模块数据流进行读取，如图 2-2-1 所示。

参数名称	数值	单位	控制模块
驱动电机1逆变器状态	不活动		驱动电机控制模块1
驱动电机1位置传感器补偿值读入状态	未运行		驱动电机控制模块1
驱动电机1逆变器供电电压电路	13.97	伏	驱动电机控制模块1
驱动电机1 U相电流	0.40	A	驱动电机控制模块1
驱动电机1 V相电流	-1.76	A	驱动电机控制模块1
驱动电机1 W相电流	-0.64	A	驱动电机控制模块1
驱动电机1控制模块负极供给隔离电压	14.72	伏	驱动电机控制模块1
驱动电机1控制模块正极供给隔离电压	0.00	伏	驱动电机控制模块1
隔离电压增量	14.72	伏	驱动电机控制模块1
隔离电压比		:1	驱动电机控制模块1
计算的驱动电机1温度	47	°C	驱动电机控制模块1

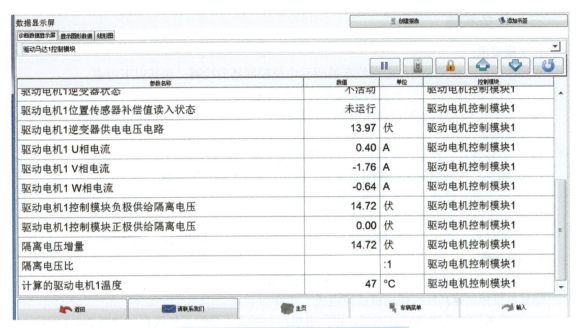

图 2-2-1　驱动电机控制器模块数据流读取

与动力电池数据读取方式相同，我们可以通过诊断仪读取到“驱动电机 1 控制模块负极供给隔离电压”，如图 2-2-2 所示。

参数名称	数值	单位	控制模块
驱动电机1逆变器状态	激活		驱动电机控制模块1
驱动电机1位置传感器补偿值读入状态	未运行		驱动电机控制模块1
驱动电机1逆变器供电电压电路	290.05	伏	驱动电机控制模块1
驱动电机1 U相电流	0.64	A	驱动电机控制模块1
驱动电机1 V相电流	-0.80	A	驱动电机控制模块1
驱动电机1 W相电流	0.48	A	驱动电机控制模块1
驱动电机1控制模块负极供给隔离电压	290.80	伏	驱动电机控制模块1
驱动电机1控制模块正极供给隔离电压	0.00	伏	驱动电机控制模块1
隔离电压增量	290.80	伏	驱动电机控制模块1
隔离电压比		:1	驱动电机控制模块1
计算的驱动电机1温度	46	°C	驱动电机控制模块1

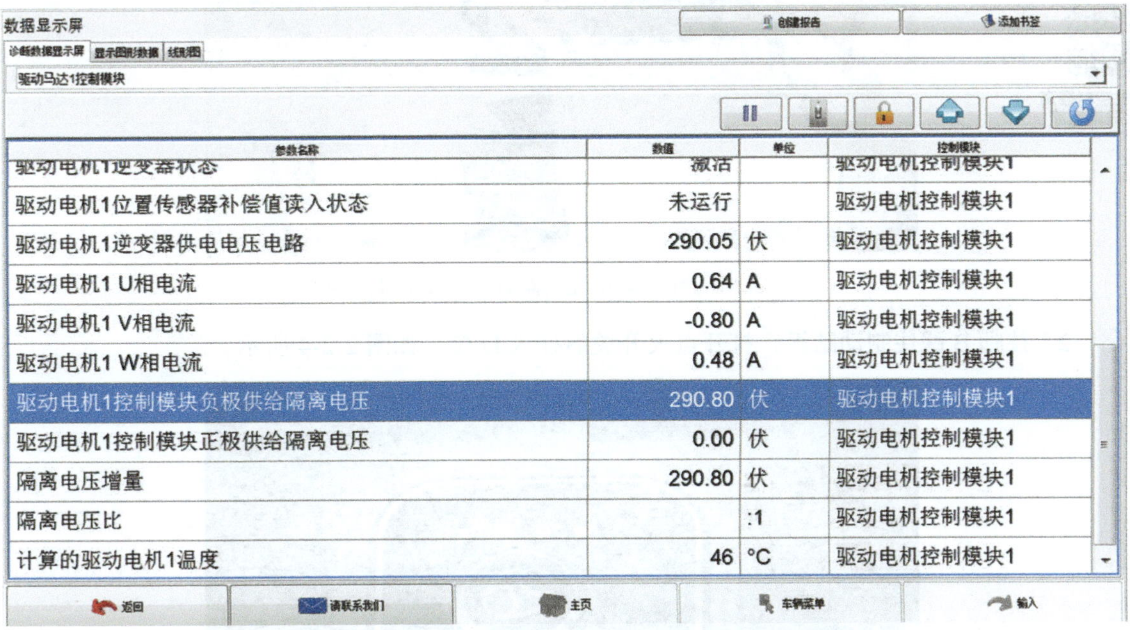

图 2-2-2　驱动电机 1 控制模块负极供给隔离电压

从图 2-2-2 中，可以看出驱动电机其他相关参数数据流，如：驱动电机的三个相位 U、V、W 电流值、驱动电机温度等，维修技师可以与维修手册相关的参考值进行对比，以判断驱动电机的工作运行状态。

三、任务实施

1. 实施要求

本操作任务主要完成对纯电动汽车的驱动电机控制器的检测，包括以下内容：

（1）北汽 EV160 电机控制器高压线缆的电流测量

（2）比亚迪 e6 电机控制器高压电源电路检测

2. 实施准备

1）防护装备：工作服、绝缘鞋、护目镜、绝缘帽、绝缘手套。

2）车辆：北汽新能源 EV160、比亚迪 e6 或其他纯电动车辆一辆。

3）专用工具、设备：拆装专用工具。

4）手工工具：新能源汽车维修组合工具。

5）辅助材料：高压电维修警示牌和设备、绝缘地垫、干粉灭火器、清洁剂。

3. 实施步骤

（1）北汽 EV160 电机控制器高压线缆的电流测量

测量电机控制器高压线缆正极线束电流，步骤如下：

1）技师 A 将电流钳调到直流档，钳住电机控制器高压线缆正极线束，如图 2-2-3 所示。

扫一扫

测量电机控制器高压线正极端电流

图 2-2-3　钳住电机控制器高压线缆正极线束

2）技师 B 踩住制动踏板，打开点火开关后挂入 D 位，如图 2-2-4 所示。

图 2-2-4　挂入 D 位

3)松开制动踏板,踩下加速踏板。
4)技师 A 观察电流钳的读数变化,经检查,电流变化正常。
如果正常,随着技师 B 踩下加速踏板,电流钳的读数应在 0.2~56.3A 之间变化。
5)技师 B 踩住制动踏板,挂入 N 档位,关闭点火开关,如图 2-2-5 所示。

图 2-2-5　挂入 N 档位

6)技师 A 取下电流钳,如图 2-2-6 所示。

图 2-2-6　取下电流钳

测量电机控制器高压线缆负极线束电流,步骤如下:
1)技师 A 将电流钳调到直流档,钳住电机控制器高压线缆负极线束,如图 2-2-7 所示。

测量电机控制器高压线负极端电流

图 2-2-7　钳住电机控制器高压线缆负极线束

2）技师 B 踩住制动踏板（图 2-2-8），打开点火开关后挂入 D 位。

图 2-2-8　踩住制动踏板

3）松开制动踏板，踩下加速踏板。
4）技师 A 观察电流钳的读数变化，经检查，电流变化正常。
如果正常，随着技师 B 踩下加速踏板，电流钳的读数应在 0.2~56.3A 之间变化。
5）技师 B 踩住制动踏板，挂入 N 档位，关闭点火开关。
6）技师 A 取下电流钳，如图 2-2-9 所示。

图 2-2-9　取下电流钳

（2）比亚迪 e6 电机控制器高压电源电路检测

比亚迪 e6 电机控制器（VTOG）高压电源电路如图 2-2-10 所示。

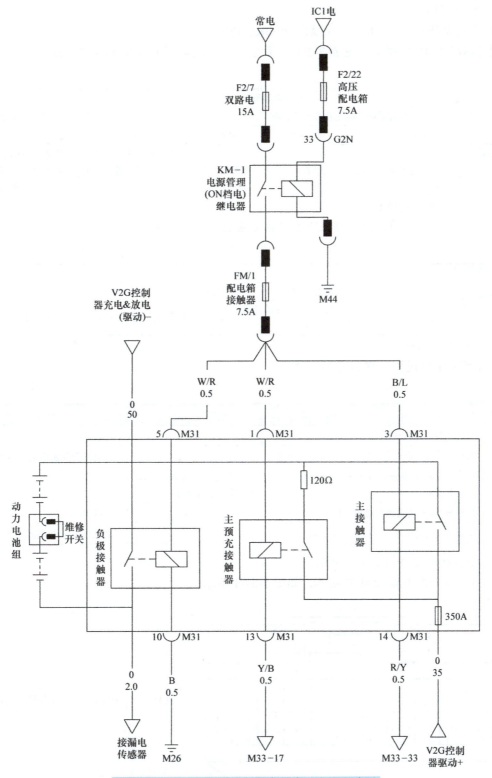

图 2-2-10　比亚迪 e6 电机控制器高压电源电路图

VTOG 高压电源电路检测步骤如下：

1）检查高压

① 将点火开关打到 OK 档（若无法上 OK，进入下一步）。

② 读取 VTOG 数据流（见表 2-2-1），看电池高压电是否供给 VTOG 控制器。

表 2-2-1　VTOG 数据流

数据流	电机控制器母线电压				
	与电池管理系统总电压相差小于 20V			与电池管理系统总电压相差大于 20V	
电压值（V）	0~199	200~400	> 400	< 20	其他
可能故障	动力电池电压过低	正常	检查动力电池	无高压，检查高压线束连接，若正常，进入第 3 步	检查 VTOG 控制器或者电池管理系统的采集电路（可更换尝试）

2）检查整车上电流程

① 整车上电，读取电池管理系统数据流（见表 2-2-2）中预充状态。

表 2-2-2　电池管理系统数据流

数据流	预充状态		
	未预充	预充完成	预充失败
处理	进入②	检查配电箱低压线束，进入第 3 步	检查配电箱高低压线束，若正常，更换 VTOG

② 检查上电过程

检查整车上电过程步骤如表 2-2-3 所示。

表 2-2-3　检查上电过程

步骤	检查项目	是	否
1	踩制动踏板，观察制动灯是否点亮	2	检查制动信号
2	踩制动踏板，观察起动按钮绿色等是否点亮	3	检查车身控制模块（BCM）
3	读取 VTOG 数据流，踩制动踏板上电，是否发送上电请求	检查电池管理系统 CAN 线和电池管理系统	4
4	检查 BCM 是否发送起动请求报文	5	更换 BCM
5	重新匹配电机防盗后，重新尝试上电	完成	更换 VTOG 控制器

3）检查高压配电箱低压控制端

① 拔下高压配电箱 M31 连接器，如图 2-2-11 所示。

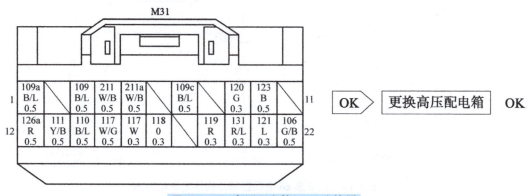

图 2-2-11　高压配电箱 M31 连接器

② 测量线束端连接器各端子间电压或电阻。

4）结束

四、任务考核

目标	考核题目	得分
知识目标	（1）（判断）驱动电机控制器在控制驱动电机的同时，还会对驱动电机、相关的传感器以及自身控制模块进行实时自检。（　）	
	（2）（多选）下面混合动力汽车或纯电动汽车驱动电机控制器自检的说法正确的是（　）。 A. 控制器供电和程序自检　　B. IGBT 性能自检 C. 电机温度检测　　　　　　D. 驱动电机位置传感器的自检	
1	（3）（判断）在大多数的电机控制器模块内部会设置有温度传感器，用于检测连接电机电缆的温度，以及模块自身集成电路的温度。温度传感器是一个热敏电阻，它的电阻值随温度而改变，具有负温度系数。（　）	
	（4）（判断）驱动电机位置传感器由驱动电机控制器监测。根据旋转变压器型位置传感器信号，电机控制器监测驱动电机转子的角位置、转速和方向。（　）	
	（1）（判断）驱动电机控制器发生故障时，可以利用故障检测仪器读取故障码和数据流。（　）	
2	（2）（判断）对于比亚迪 e6 故障诊断仪，通常是把车辆起动后，再连接故障诊断仪。（　）	
	（3）（判断）用故障诊断仪可以读取到驱动电机控制器的相关数据流，维修技师可以与维修手册相关的参考值进行对比，以判断驱动电机的工作运行状态，然后进行相应的检修。（　）	
技能目标	（1）（单选）测量电机控制器高压线缆正极线束电流需要用到的仪表是（　）。 A. 电流表　　B. 万用表　　C. 电流钳　　D. 解码仪	
	（2）（单选）比亚迪 e6 VTOG 高压电源电路检测，读取 VTOG 数据流，查看电池高压是否供给 VTOG 控制器。说法有误的一项是（　）。 A. 动力电机母线电压为 0～199V，可能故障是动力电池电压过低 B. 动力电机母线电压为 200～400V，无故障 C. 动力电机母线电压为 >400V，可能故障是动力电池电压过高 D. 动力电机母线电压为 <20 V，故障为高压弱	
	（3）（判断）在实操过程中不需要戴护目镜。（　）	

总分：　　　　分

教师评语：

项目三 新能源汽车驱动电机与控制器冷却系统

项目描述

新能源汽车驱动电机与控制器在工作时会产生大量的热,因此需要采用冷却系统进行检测。本项目介绍驱动电机与控制器冷却系统的功能、类型、结构原理和检测技术,包含以下两个任务:

任务一 驱动电机与控制器冷却系统认知。
任务二 驱动电机与控制器冷却系统检修。

通过以上两个任务的学习,你能够了解驱动电机与控制器冷却系统的功能、类型、结构组成和工作原理,掌握驱动电机与控制器冷却系统的检修方法。

任务一 驱动电机与控制器冷却系统认知

扫一扫
认识冷却系统

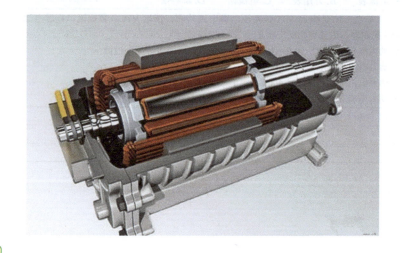

学习目标

◎ 知识目标
1. 能够描述驱动电机与控制器冷却系统的功能。
2. 能够描述驱动电机与控制器冷却系统的类型。
3. 能够描述驱动电机与控制器冷却系统的结构组成。

◎ 技能目标
能够进行驱动电机与控制器冷却系统冷却水泵的拆卸与安装。

一、任务导入

一辆纯电动汽车仪表显示电机温度过高的故障指示灯,你的主管初步判断电动冷却水泵发生故障,让你更换总成,你能完成这个任务吗?

二、获取信息

引导问题 1 驱动电机与控制器为什么需要冷却?

除了动力电池工作过程中会产生大量的热量外,纯电动汽车的关键零部件电机、电机控制器及车载充电器的效率达不到100%,在能量转化过程中产生大量的热,产生的这些热量如果不能够及时地发出去,将会导致车辆限扭运行甚至导致零件损坏。

电动汽车在驱动与回收能量的工作过程中,驱动电机定子铁心、定子绕组在运动过程中都会产生损耗,这些损耗以热量的形式向外发散,需要有效的冷却介质及冷却方式来带走热量,保证电机在一个稳定的冷热循环平衡的通风系统中安全可靠运行。电机冷却系统设计的好坏将直接影响电机的安全运行和使用寿命。特别说明的是,对于永磁同步电机的驱动单元,由于车辆在大负荷低速运行时,极容易使电机产生高温,在高温状态下很容易导致永磁转子产生磁退现象,因此需要借助冷却系统对电机的温度进行控制。

图3-1-1所示为驱动电机与控制器冷却系统,纯电动汽车冷却系统的功能是将电机、电机控制器及车载充电器产生的热量及时散发出去,保证其在要求的温度范围内稳定高效的工作。

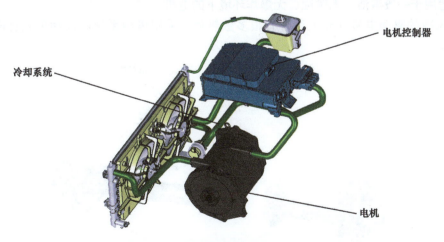

图 3-1-1 驱动电机与控制器冷却系统

引导问题 2 驱动电机与控制器的冷却系统有哪些类型?

驱动电机的主要冷却方式有自然冷却、风冷和水冷。

1. 自然冷却

自然冷却依靠电机铁心自身的热传递,散去电机产生的热量,热量通过封闭的机壳表面传递给周围介质,其散热面积为机壳的表面,为增加散热面积,机壳表面可加冷却筋。图3-1-2

所示是自然冷却的电机机壳。

图 3-1-2　自然冷却的电机机壳

自然冷却具有结构简单，不需要辅助设施就能实现，但自然冷却效率差，仅适用于转速低、负载转矩小、发热量较小的小型电机。

2. 风冷

风冷是电机自带同轴风扇来形成内风路循环或外风路循环，通过风扇产生足够的风量，带走电机所产生的热量。介质为电机周围的空气，空气直接送入电机内，吸收热量后向周围环境排出。

风冷结构相对简单，电机冷却成本较低，适用于成本较低且功率较小的纯电动汽车。但受环境因素的制约，在恶劣的工业环境中，例如高温、粉尘、污垢和恶劣天气下无法使用风冷电机。风冷适用于一般清洁、无腐蚀、无爆炸环境下的电机。

采用风冷的驱动电机外壳上设计有很多散热片。采用风冷系统的驱动单元总成外形如图 3-1-3 所示。

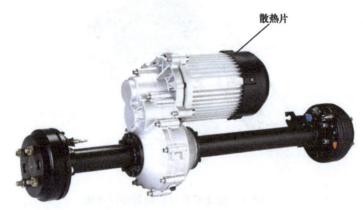

图 3-1-3　风冷驱动单元总成（含驱动桥）

3. 水冷

水冷是将冷却液通过管道和通路引入定子或转子空心导体内部，循环水不断流动，带走电机转子和定子产生的热量，达到对电机的冷却功能。

水冷效果比风冷更显著，无热量散发到环境中。但是，需要良好的机械密封装置，水循环系统结构复杂,存在渗漏隐患,如果发生水渗漏,会破坏电机绝缘,可能烧毁电机。水质需要处理,其电导率、硬度和pH值都有一定的要求。

水冷适用于功率较大的纯电动汽车。

> **引导问题3** 水冷式驱动电机与控制器的冷却系统由哪些结构组成?

以下介绍目前最常用的水冷式驱动电机与控制器冷却系统的结构组成。

1. 纯电动汽车驱动电机与控制器冷却系统结构组成

纯电动汽车驱动电机与控制器的冷却系统主要依靠冷却水泵带动冷却液在冷却管道中循环流动,通过在散热器的热交换等物理过程,冷却液带走电机与控制器产生的热量。为使散热器热量散发更充分,通常还在散热器后方设置风扇。

水冷系统结构组成如图3-1-4所示。

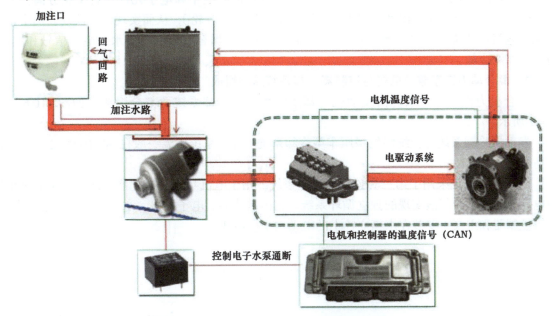

图3-1-4 典型水冷式冷却系统结构

驱动电机与控制器冷却系统的冷却水泵一般都采用电动冷却水泵,整车控制器监控到电机或电机控制器温度过高时会自动打开冷却水泵。

如图3-1-5是某新能源汽车上采用的PCE无刷冷却水泵。该冷却水泵采用无刷电机技术,可实现三个功率范围(40/60/70W),以满足不同的冷却回路的要求。

该水泵采用了无刷技术并且优化了内部液压部分的设计,效率提高了39%。由于设计紧凑,重量减轻(最大620g)。噪声方面,优于客户标

图3-1-5 冷却水泵

准要求，其可用于混合动力或电动汽车的应用。通过 PWM 或 LIN 的接口来实现速度控制和诊断功能。它带有内部诊断功能，不同的失效模式（比如温度过高、堵转等）会报告给控制单元。如果故障持续超过预定期间，水泵默认为"紧急模式"，降低功率，以确保导入功能（例如电力电子原件的冷却）。无刷驱动和稳健的设计确保了水泵的高耐久性，这对插电式混合动力汽车和纯电动汽车是必需的。

该冷却水泵优点如下：

1）通过提高效率，可控制的速度和重量减轻。

2）降低噪声水平。

3）覆盖广泛的液压范围。

4）具备不同失效反馈的自诊断功能。

5）高功率密度。

6）高耐久性。

7）技术领先：该冷却水泵是离心式水泵。泵体内的定子和电子元件与转子相分离。通电时，电子元件通过定子绕组产生可变的磁场，驱动转子（叶轮），从而实现液体流动。两个密封环保护电机防止潮湿。电子系统由压铸盖冷却。它可根据客户要求调节水泵电子信号和流量，用于零部件冷却。

2. 混合动力汽车驱动电机与控制器冷却系统结构组成

混合动力汽车冷却系统由发动机冷却系统和电机冷却系统两部分组成，如图 3-1-6 和图 3-1-7 所示。

发动机冷却系统与传统涡轮增压车型冷却系统一样，系统水温一般在 90~100℃之间，允许最高温度为 110℃。

电机冷却系统采用了第三套独立的冷却系统，用于电机与电机控制器的冷却，是通过单独的电动水泵驱动冷却液实现的独立循环系统。它由散热器、电子风扇、水管、水壶、电机水套、电机控制器和水泵（安装在水箱立柱上的电动水泵）组成。

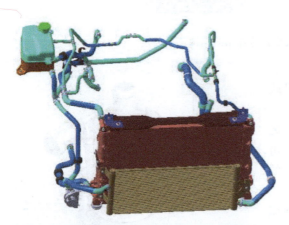

图 3-1-6　混合动力汽车冷却系统（内燃机模式）

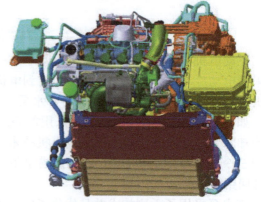

图 3-1-7　混合动力汽车冷却系统（HEV 模式）

三、任务实施

1. 实施要求

本操作任务主要完成对纯电动汽车驱动电机与控制器冷却水泵的更换，包含以下内容：

（1）冷却水泵拆卸

（2）冷却水泵安装

2. 实施准备

1）防护装备：工作服、绝缘鞋、护目镜、绝缘帽、绝缘手套。

2）车辆：北汽新能源 EV160 或其他纯电动车辆一辆。

3）专用工具、设备：拆装专用工具。

4）手工工具：新能源汽车维修组合工具。

5）辅助材料：高压电维修警示牌和设备、绝缘地垫、干粉灭火器、清洁剂。

3. 实施步骤

（1）冷却水泵拆卸

1）选用 10mm 扳手拧松蓄电池负极线固定螺栓，取下负极线，并对负极端子做好防护，如图 3-1-8 所示。

图 3-1-8　对辅助蓄电池端子防护

注意事项：

拆卸蓄电池负极前，必须确保点火开关处于关闭状态，并将车钥匙放在口袋。

2）拧下储液罐盖，如图 3-1-9 所示。

图 3-1-9　拧下储液罐盖

3)举升车辆至一定高度。

4)拆卸散热器放水螺栓,排空冷却液,如图 3-1-10 所示。

图 3-1-10　拆卸散热器放水螺栓

5)冷却液排空后,安装散热器放水螺栓。

6)使用干净抹布清洁放水螺栓处。

7)拔下水泵电机插接器,如图 3-1-11 所示。

图 3-1-11　拔下水泵电机插接器

8)使用鲤鱼钳脱开水泵进水管卡箍(图 3-1-12),拔出水泵进水管(图 3-1-13)。

图 3-1-12 脱开水泵进水管卡箍

图 3-1-13 拔出水泵进水管

9）使用鲤鱼钳脱开水泵出水管卡箍，拔出水泵出水管。
10）选用棘轮扳手、接杆和 8mm 套筒拆卸水泵两颗固定螺栓。
11）取下水泵，如图 3-1-14 所示。

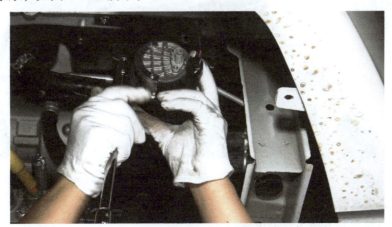

图 3-1-14 取下水泵

注意事项：

在拆卸水泵时，应防止水泵自由坠落发生意外，拆卸时必须用手扶着水泵。

（2）冷却水泵安装

1）安装水泵：

选用棘轮扳手、接杆和8mm套筒安装水泵的两颗固定螺栓，如图3-1-15所示。

标准力矩：10N·m。

安装电子水泵

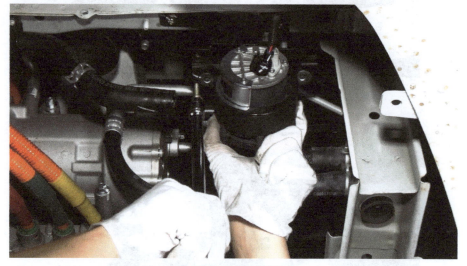

图3-1-15　安装水泵

2）安装水泵电机插头。

3）安装水泵出水管，如图3-1-16所示。

图3-1-16　安装水泵出水管

4）安装水泵进水管。

5）使用鲤鱼钳安装卡箍至合适位置。

6）检查水管及卡箍，如图3-1-17所示。

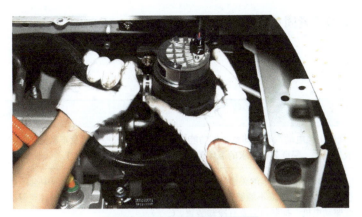

图 3-1-17　检查水管及卡箍

7）降下车辆。

8）添加冷却液至 MAX 和 MIN 之间，如图 3-1-18 所示。

图 3-1-18　添加冷却液

9）拧紧储液壶盖。

10）打开点火开关，使冷却液进入循环状态。

11）清除防护胶带。

12）安装蓄电池负极，如图 3-1-19 所示。

图 3-1-19　安装蓄电池负极

13）使用 10mm 扳手紧固负极线固定螺栓。
标准力矩：10N·m。

四、任务考核

目标		考核题目	得分
知识目标	1	（1）（判断）纯电动汽车冷却系统的功能是将电机、电机控制器及车载充电器产生的热量及时散发出去，保证其在要求的温度范围内稳定高效的工作。（ ）	
		（2）（判断）纯电动汽车的关键零部件电机、电机控制器在工作过程中会产生大量的热，产生的这些热量如果不能够及时地散发出去，将导致车辆限扭运行甚至导致零件损坏。因此驱动电机、控制器需要有冷却装置。（ ）	
		（3）（判断）电动汽车在驱动与回收能量的工作过程中，驱动电机定子铁心、定子绕组在运动过程中都会产生损耗，这些损耗以热量的形式向外发散，需要有效的冷却介质及冷却方式来带走热量，保证电机在一个稳定的冷热循环平衡的通风系统中安全可靠运行。（ ）	
	2	（1）（判断）驱动电机冷却方式只有风冷和水冷。（ ）	
		（2）（单选）下面说法有误的是（ ）。 A. 风冷依靠电机铁心自身的热传递，散去电机产生的热量，热量通过封闭的机壳表面传递给周围介质，其散热面积为机壳的表面，为增加散热面积，机壳表面可加冷却筋。 B. 自然冷却具有结构简单，不需要辅助设施就能实现，但自然冷却效果差，仅适用于转速低、负载转矩小、电机发热量较小的小型电动机。 C. 水冷是将冷却液通过管道和通路引入定子或转子空心导体内部，通过循环水不断的流动，带走电机转子和定子产生的热量，起到冷却电机的作用。 D. 水冷适用于功率较大的纯电动汽车。	
		（3）（判断）水冷的冷却效果比风冷更显著，无热量散发到环境中。但是，需要良好的机械密封装置，水循环系统结构复杂，存在渗漏隐患，维护成本高。（ ）	
	3	（1）（判断）纯电动汽车驱动电机与控制器的冷却系统主要依靠冷却水泵带动冷却液在冷却管道中循环流动，通过在散热器的热交换等物理过程，冷却液带走电机与控制器产生的热量。（ ）	
		（2）（判断）驱动电机与控制器冷却系统的冷却水泵一般都采用电动冷却水泵，整车控制器监控到电机或电机控制器温度过高时会自动打开冷却水泵。（ ）	
		（3）（多选）冷却水泵的特点是（ ）。 A. 效率高　B. 噪声低　C. 可靠性好　D. 体积大	
技能目标		（1）（判断）使用绝缘手套前，不用检查是否破损。（ ）	
		（2）（判断）拆下蓄电池负极端子后，需要对负极端子做好防护，防止负极端子接触到蓄电池的负极。（ ）	
		（3）（单选）拆装卡箍用到的工具是（ ）。 A. 尖嘴钳　B. 鲤鱼钳　C. 老虎钳　D. 大力钳	
总分：		分	
教师评语：			

项目二　新能源汽车驱动电机与控制器冷却系统　93

任务二　驱动电机与控制器冷却系统检修

学习目标

◎ 知识目标
　1. 能够描述典型车型驱动电机与控制器冷却系统的结构原理。
　2. 能够描述驱动电机与控制器冷却系统常见故障与检修方法。

◎ 技能目标
　能够对驱动电机与控制器冷却系统部件进行检修。

一、任务导入

一辆纯电动汽车仪表显示电机温度过高的故障指示灯，你能分析出故障原因并进行检修吗？

二、获取信息

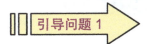　典型车型的驱动电机与控制器冷却系统都一样吗？

以下介绍典型新能源车型驱动电机与控制器冷却系统的结构原理。

1. 比亚迪驱动电机与控制器冷却系统

（1）比亚迪 e6 驱动电机与控制器冷却系统

比亚迪 e6 纯电动汽车驱动电机与控制器采用的冷却系统是闭式水冷循环系统，由散热器总成、电子风扇总成、电动水泵总成、冷却管路等组成，冷却液介质为乙二醇型冷却液，如图 3-2-1 所示。

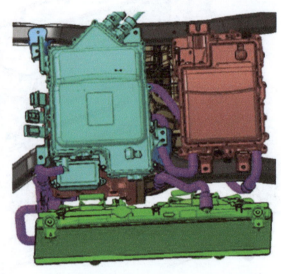

图 3-2-1　比亚迪 e6 驱动电机与控制器冷却系统

该车电机与控制器冷却系统由电动水泵提供动力，低温冷却液通过管路由散热器流向待散热元件（电机控制器、DC/DC 变换器、电机），冷却液在待散热元件处吸收热量后，再通过冷却管路流经散热器进行散热，之后进行下一个循环，如图 3-2-2 所示。

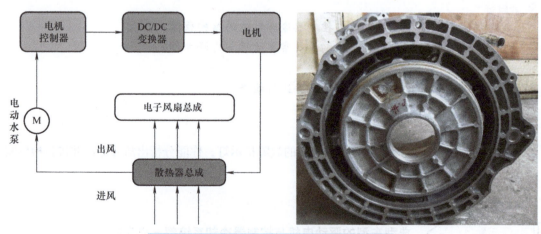

图 3-2-2　比亚迪 e6　电机与控制器冷却系统

电子风扇总成采用吸风式双风扇，通过串联调速电阻的方式来实现风扇的高低速档分级，从而降低风扇噪声，提高整车的舒适性。电子风扇总成如图 3-2-3 所示。

项目三　新能源汽车驱动电机与控制器冷却系统　95

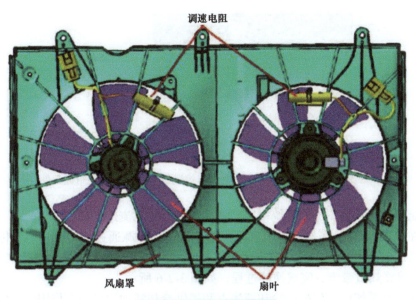

图 3-2-3　电子风扇总成

（2）比亚迪秦驱动电机与控制器冷却系统

比亚迪秦混合动力汽车的冷却系统由发动机冷却系统和驱动电机冷却系统组成，如图 3-2-4 所示。

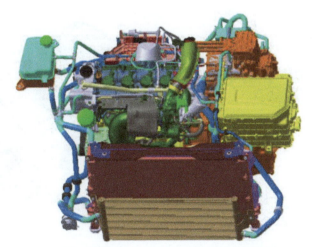

图 3-2-4　比亚迪秦驱动电机与控制器冷却系统结构示意图

2. 北汽新能源驱动电机与控制器冷却系统

以北汽新能源 EV160 纯电动汽车的驱动电机为例，冷却系统的功用是将电机、电机控制器及车载充电机产生的热量及时散发出去，保证其在要求的温度范围内稳定高效的工作，主要组成元件如图 3-2-5 所示。

图 3-2-5　北汽新能源驱动电机与控制器冷却系统主要组成元件

北汽新能源纯电动汽车冷却系统由冷却液回路和冷却风流道组成。

冷却液在流经 MCU、车载充电机和电机等热源时，热源通过热传导将热量传递给冷却液，高温冷却液通过电动水泵提供的动力流经散热器时将热量通过热传导传递给散热器芯体，冷却空气通过热对流将热量带走，完成换热过程，如图 3-2-6 所示。

膨胀箱在冷却系统中起到提高冷却液沸点和提供冷却液加注口两大作用。

（1）电动水泵

电动水泵的作用是冷却液循环的动力元件，对冷却液加压，促使冷却液在冷却系统中循环，带走系统散发的热量。电动水泵外形如图 3-2-7 所示。

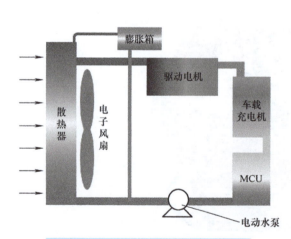

图 3-2-6　北汽新能源汽车的冷却系统

图 3-2-7　北汽新能源汽车电动水泵

1）电动水泵的构成。电动水泵采用的是永磁无刷直流水泵，整个部件中没有动密封，浮动式转子与叶轮注塑成一体。电动水泵剖面图和转子图如图 3-2-8 所示。电动水泵在没有冷却液的情况下严禁空载运行，否则将导致转子、定子磨损，最终导致水泵损坏。

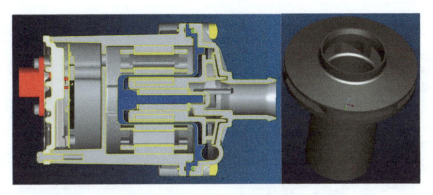

图 3-2-8 电动水泵剖面图与转子图

2)水泵插接件。水泵插接件(图 3-2-9)位于水泵后盖上,插接件为两线,分别为正极和负极。

3)电动水泵的装配。电动水泵安装在车身右纵梁前部下方,位于整个冷却系统较低的位置。水泵自带橡胶支架,起到降低噪声的作用。通过两个六角法兰面螺栓与水泵支架装配,紧固力矩为 9～11N·m。如图 3-2-10 为电动水泵装配位置。

图 3-2-9 电动水泵插接件

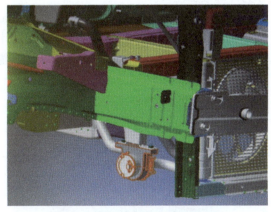

图 3-2-10 电动水泵装配位置

(2)电子风扇

电子风扇的作用是提高流经散热器、冷凝器的空气流速和流量,以增强散热器的散热能力,并冷却机舱其他附件。

电子风扇的结构特性:该车采用左右双风扇构架,如图 3-2-11 所示,它采用半径为 125mm、6 个不对称结构的扇叶,双风扇分别由整车电源提供输入,根据电机、电机控制器、空调压力等参数由 VCU 控制双风扇运行,电子风扇采用为两档调速风扇。

1)电子风扇插接件。电子风扇接插件为四线,如图 3-2-12 所示,高速:两个"+"接正极,两"-"接负极;低速:两个"+"接正极,一个"-"接负极。

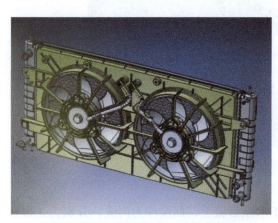

图 3-2-11　北汽新能源汽车电子风扇

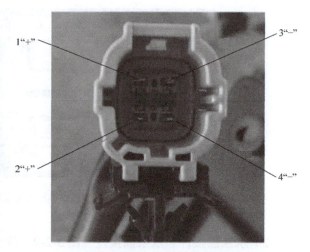

图 3-2-12　电动风扇插接件

2）电子风扇装配。电子风扇下部卡接在散热器水室上，上部通过两个十字槽大半圆头自攻螺钉 -F 型装配在散热器水室上，紧固力矩为 9～11N·m。如图 3-2-13 为电动风扇装配位置。

（3）膨胀箱

膨胀箱（图 3-2-14）的作用是为冷却系统冷却液的排气、膨胀和收缩提供受压容积，同时也作为冷却液加注口。

性能参数：膨胀箱盖开启压力为 29~35kPa。

结构特性：膨胀箱采用 PP 材料，结构设计满足爆破，压力≥200kPa。

接口尺寸：膨胀箱补水端外径为 20mm，溢气端外径为 8mm，胶管安装时插接到底。

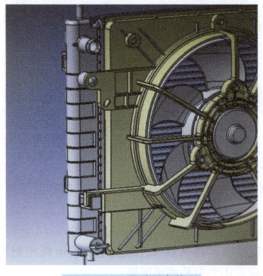

图 3-2-13　电动风扇装配

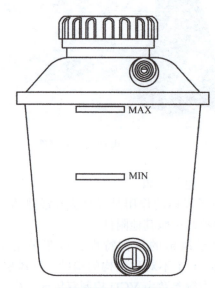

图 3-2-14　膨胀箱

（4）冷却管路总成

材料：目前冷却管内外胶为三元乙丙橡胶（EPDM），中间层由织物增强，耐温等级是Ⅰ级（125℃），爆破压力达到 1.3MPa。

装配：冷却水管壁厚4mm，端口有安装定位标识，装配时标识与散热器上的定位标识对齐，如图3-2-15所示。

（5）电机冷却系统控制策略

冷却系统电动水泵与散热器风扇由整车VCU控制，根据整车热源电机、电机控制器和车载充电机温度进行控制。

1）水泵控制：起动车辆时电动水泵开始工作，仪表显示READY。

2）电机温度控制：当控制器监测到驱动电机温度45℃≤温度＜50℃时，冷却风扇低速起动；驱动电机温度≥50℃时，冷却风扇高速起动；温度降至40℃时冷却风扇停止工作。当驱动电机温度在120~140℃时，降功率运行；温度≥140℃时，降功率至0，即停机。

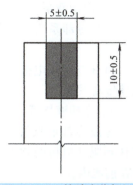

图3-2-15 管路定位标识

3）电机控制器温度控制：当控制器监测到散热基板温度≥75℃时，冷却风扇低速起动。当电机控制器温度≥80℃时，冷却风扇高速启动；温度降至75℃时冷却风扇停止工作；温度≥85℃时，超温保护，即停机。当控制器监测到散热基板温度为85~75℃时，降功率运行。

3. 荣威E50 PEB与驱动电机冷却系统

以下介绍荣威E50电源逆变器（PEB，或称电力电子箱）与驱动电机冷却系统。

（1）PEB与驱动电机冷却系统结构原理

PEB与驱动电机冷却系统组件如图3-2-16所示。

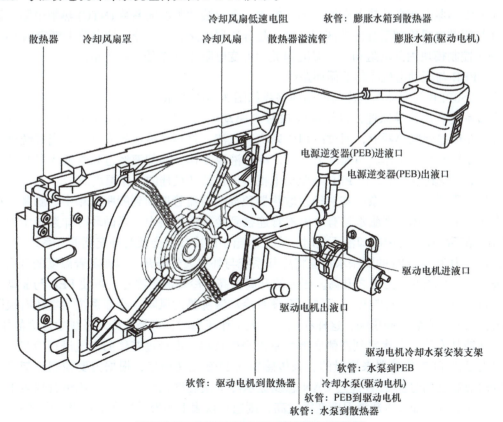

图3-2-16 PEB与驱动电机冷却系统组件

1）冷却液泵

整个冷却系统有两个电子水泵，分别是电源逆变器 PEB 与驱动电机冷却液泵和动力电池冷却液泵。

PEB 与驱动电机冷却液泵通过安装支架，并由两个螺栓固定在前右纵梁上，经由其运转来循环传动系统。

2）冷却液软管

橡胶冷却液软管在各组件间传送冷却液，弹簧卡箍将软管固定到各组件上，快速接头将 PEB 到驱动电机的软管和水泵到 PEB 的软管连接到 PEB 上。PEB 与驱动电机冷却系统软管布置在前舱内。

3）膨胀水箱

PEB 与驱动电机冷却系统配有注塑冷却液膨胀水箱，其上有卸压阀，膨胀水箱安装在右纵梁右悬架前部，溢流管连接到散热器左水室顶部，出液管连接到 PEB 与驱动电机冷却液泵上。

4）散热器和冷却风扇

散热器是一个两端带有注塑水箱的铝制横流式散热器。散热器的下部位于紧固在前纵梁的支架所支承的橡胶衬套内。散热器的顶部位于水箱上横梁支架所支撑的橡胶衬套内，支撑着冷却风扇总成，空调 (A/C) 冷凝器。

空调冷凝器安装在散热器后部，由四个螺栓固定至冷却风扇罩上。冷却风扇和风扇低速电阻安装在空调冷凝器后部的风扇罩上。"吸入"式风扇抽取空气通过散热器，使其散热。

5）冷却液温度（ECT）传感器

ECT 传感器安装在散热器右侧前部，内含一个封装的负温度系数 (NTC) 热敏电阻，该电阻与 PEB 与驱动电机冷却系统冷却液相接触，是分压器电路的一部分。该电路由额定的 5V 电源、一个 PEB 控制模块内部电阻和一个温度相关的可变电阻（ECT 传感器）组成。

（2）PEB 与驱动电机冷却液循环路线

荣威 e50PEB 与驱动电机冷却液循环路线如图 3-2-17 所示。

冷却系统利用传导原理，将热量从 PEB 与驱动电机组件传递到冷却液中，再从 PEB 与驱动电机组件传递到散热器上，通过冷却风扇吹动气流，将热量传递到大气中。当系统处于较低温度时，冷却液泵不工作。当温度上升后，冷却液泵工作，冷却液经过软管流入散热器内，散热器将热量散发到空气中，使 PEB 与驱动电机组件保持在最佳的工作温度。

由热膨胀所产生的多余冷却液经过散热器顶部的溢流管返回到膨胀水箱中。膨胀水箱同时消除冷却液中的气体。膨胀水箱有个出液管连接到冷却液回路中，当循环冷却系统中冷却液冷却收缩或循环冷却系统中冷却液不足时，膨胀水箱中的冷却液会及时补充到循环系统中。

额定压力为 140kPa 的膨胀水箱盖将冷却系统与外界大气隔开，因而随着温度的升高，冷却液膨胀，冷却系统的压力随之升高。压力的升高提高了冷却液的沸点，可使 PEB 与驱动电机组件在更高、更有效的工作温度下运转，而没有冷却液沸腾的风险。冷却系统的增压有极限，因此膨胀水箱盖上安装了卸压阀，这样在达到最大工作压力时，可释放冷却系统中过度的压力。

冷却液从右侧上部水室到左侧底部水室流经散热器，由经过芯体的空气进行冷却。冷却系统的温度是由 ECT 传感器来测量的。该传感器向 PEB 发送信号，根据需要控制冷却风扇的操作。冷却液温度信号由 PEB 经过 CAN 总线显示冷却液温度到组合仪表。该组合仪表上会实时显示冷却液温度，如果冷却液温度变得过高，则组合仪表上的警示灯和消息将提醒驾驶人。

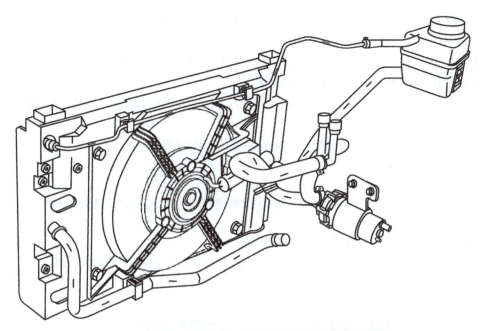

图 3-2-17　荣威 E50 PEB 与驱动电机冷却液循环路线

（3）PEB 与驱动电机冷却风扇控制

荣威 e50 PEB 与驱动电机冷却风扇控制框图如图 3-2-18 所示，冷却风扇采用脉冲宽度调制（PWM），也称占空比控制。

PWM 冷却风扇受 VCU 控制，冷却风扇工作时，VCU 通过 CAN 系统接收来自空调控制模块（ETC ECU）的信号，控制 PWM 模块使冷却风扇在 20%~90% 的占空比范围内的 8 个档位的速度工作，以满足不同的冷却负荷要求。

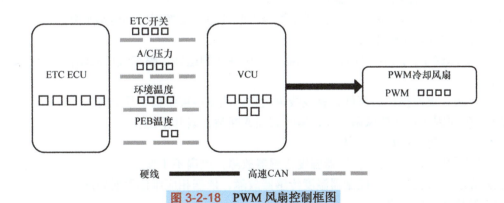

图 3-2-18　PWM 风扇控制框图

1）冷却风扇开启条件。冷却风扇开启取决于空调 A/C 开关和电机逆变器 PEB 冷却液温度这两个重要因素。当 A/C 开关开启或 PEB 冷却液温度高于 52℃时，冷却风扇开始工作。

2）冷却风扇停止工作条件。如果 PEB 冷却液温度低于 65℃，并且空调 A/C 开关关闭，冷却风扇停止工作。

点火开关关闭，A/C 开关关闭，PEB 冷却液温度高于 65℃，冷却风扇继续工作，如果环境温度低于10℃，冷却风扇会工作30s，环境温度高于10℃，冷却风扇会工作60s。

（4）PEB与驱动电机冷却系统控制

PEB的工作温度不能超过75℃，最合适的工作温度应低于65℃。将温度控制在75℃以下可以更好地延长PEB和驱动电机的使用寿命。

PEB开始工作时，电动冷却液泵会立即打开，冷却液温度传感器向空调控制模块提供温度信号。

PEB计算冷却液温度将它与PEB冷却液温度传感器信号进行比较，从而判断是否需要使用PEB冷却液温度传感器。

> **引导问题2** PEB与驱动电机的冷却系统有哪些常见故障，如何检修？

1. PEB与驱动电机温度过高故障与排除方法

PEB与驱动电机冷却系统工作不良时，会导致PEB与电机温度过高的故障。

故障部位与检修方法如下：

（1）冷却液缺少

1）故障原因1：未按保养手册添加冷却液，导致冷却液缺少。

检修方法：膨胀水箱处添加冷却液。

2）故障原因2：冷却液泄漏，导致冷却液缺少。

检修方法：检查泄漏部位，如管路环箍、水管、散热器等，维修或更换损坏部件。

（2）电动水泵工作不良

1）故障原因1：冷却液杂质导致电动水泵堵转；电动水泵泵盖、密封圈、泵轮等部位损坏。

检修方法：清洁并更换冷却液；更换损坏的电动水泵。

2）故障原因2：电动水泵线路不良，如：整车线束故障，虚接、短路、断路等故障；水泵控制器熔丝或继电器熔断、插接件针脚退针。

检修方法：查找线束故障，依据线束维修手册处理；更换损坏的电动水泵。

（3）散热器风扇工作不良

1）故障原因1：风扇控制器、继电器、插接件针脚退针，整车线束故障，虚接、短路、断路等故障。

检修方法：更换损坏的部件；查找线束故障，依据线束维修手册处理。

2）故障原因2：散热风扇损坏，扇叶破损或断裂，扇叶不工作。

检修方法：更换散热器风扇。

3）故障原因3：电机、控制器温度传感器故障，风扇不工作。

检修方法：查找电机、控制器温度传感器故障，依据相应维修手册处理。

（4）散热器工作不良

故障原因：芯体老化，芯管堵塞；散热带倒伏，影响进风量；水室堵塞，影响冷却液循环。

检修方法：更换散热器。

（5）进风量不足

故障原因：前保险杠中网或下格栅进风口堵塞。

检修方法：查找原因并排除。

2. 电机系统过热故障实例分析

以下列举典型的电机与控制器过热的故障实例。车型以北汽新能源纯电动汽车为例，其他车型可参考。

（1）电机过热被限速 9km/h

故障现象：

车辆行驶几公里以后，出现限速 9km/h 现象，仪表显示电机控制器过热。

可能原因：

水泵故障、散热风扇故障、冷却液缺少或冷却系统内部堵塞。

故障诊断与排除：

用诊断仪读数据流显示电机控制器温度为 75℃，散热器风扇高速旋转，检查水泵工作正常，膨胀水壶冷却液也不缺少。水泵在工作过程中观察膨胀水壶，发现冷却液循环不畅，进一步对冷却系统进行水道堵塞排查。采用压缩空气对散热器、管路和电机控制器进行疏通检查时发现电机控制器内部有堵塞。找到堵塞点，用高压空气将电机控制器内部异物吹出，恢复冷却系统管路，加注冷却液后进行试车，不再出现电机系统高温，故障排除。

故障分析：

电机系统冷却方式采用水冷式，电机控制器和电机是串联式循环，电机控制器的温度在 75~85℃时电机降功率，当电机控制器温度高于 85℃时，电机将立即停止工作，所以此车电机控制器温度达到 75℃被降功率。

（2）MCU 过温故障

故障现象（故障码）: P117F98

故障处理方式：

MCU:

当电机温度 >MCU 温度限制值（75℃），MCU 进入零转矩控制模式，同时向 VCU 发送零转矩模式状态标志位。

VCU:

1) VCU 在 MCU 温度限制值的基础上提前 10℃，根据温度线性限制转矩，同时电机温度指示灯闪烁。

2) 仪表点亮电机系统专用警告灯（闪烁）。

3) 仪表点亮 MIL，报警音短鸣。

导致故障的原因：

1) MCU 长期大负载运行。

2) 冷却系统故障。

故障可能造成的影响：

1) MCU 最大可用转矩降低。

2) 整车动力性能降低，甚至不能正常行驶。

处理措施：

1) 如果间隔一段时间重新上电，车辆恢复正常，则不需要派工，同时将信息反馈技术中心电机工程师。

2) 如果间隔一段时间重新上电，车辆运行重复出现，则按以下方法处理：

① 首先优先排查风扇、水泵及其驱动电路故障，若异常，则需要派工解决。

② 然后优先排查是否缺冷却液，若缺冷却液，则及时补充冷却液。

③ 若不缺冷却液，然后排查冷却管路是否存在堵塞和漏水，若冷却管路存在堵塞和漏水，则进行排查解决。

④ 若冷却液和冷却管路均无问题，则需要派工。

维修措施：

1）检查运行工况。

2）检查冷却水泵、冷却液和冷却管路。

备注：

如果处于"state30"，在 MCU 上报此故障前，VCU 在指定温度值（65℃）至 MCU 温度限制值（75℃）之间限制转矩命令。点亮电机系统专用警告灯（闪烁）。

三、任务实施

1. 实施要求

本操作任务主要完成对纯电动汽车的驱动电机与控制器冷却系统主要部件进行检修，包含以下内容：

（1）电子风扇拆卸；

（2）电子风扇安装。

2. 实施准备

1）防护装备：工作服、绝缘鞋、护目镜、绝缘帽、绝缘手套。

2）车辆：北汽新能源 EV160 或其他纯电动车辆一辆。

3）专用工具、设备：拆装专用工具。

4）手工工具：新能源汽车维修组合工具。

5）辅助材料：高压电维修警示牌和设备、绝缘地胶、干粉灭火器、清洁剂。

3. 实施步骤

（1）电子风扇拆卸

1）选用 10mm 扳手拧松蓄电池负极线固定螺栓（图 3-2-19），取下负极线，并对负极端子做好防护。

拆卸电子风扇

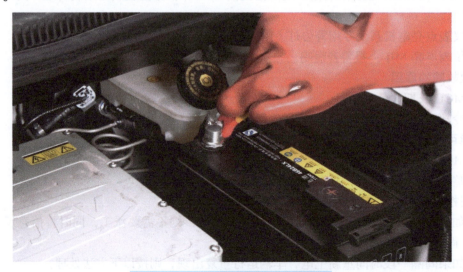

图 3-2-19　拆卸辅助蓄电池负极端子

注意事项：
拆卸蓄电池负极前，必须确保点火开关处于关闭状态，并将车钥匙放在口袋。

2）拔出两个电子风扇控制器插接器（图3-2-20），并拆除风扇控制器线束固定卡扣。

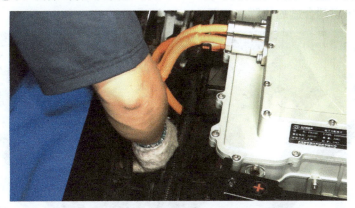

图 3-2-20　拔出两个电子风扇控制器插接器

3）选用棘轮扳手、十字旋钉旋具，拆卸电子风扇左侧固定螺栓，如图3-2-21所示。

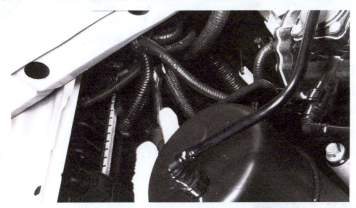

图 3-2-21　拆卸电子风扇左侧固定螺栓

4）选用棘轮扳手、十字旋钉旋具，拆卸电子风扇右侧固定螺栓。
5）取下电子风扇总成存放置于干燥环境中，如图3-2-22所示。

图 3-2-22　取下电子风扇总成

注意事项：

取下电子风扇时，应小心散热水箱上的水管，避免造成损坏。

（2）电子风扇安装

1）安装电子风扇到合适的位置，如图3-2-23所示。

图3-2-23　安装电子风扇到合适的位置

2）安装左侧电子风扇总成固定螺栓。

3）使用棘轮扳手、十字螺钉旋具安装电子风扇左侧固定螺栓。

标准力矩：4N·m。

4）安装右侧电子风扇总成固定螺栓。

5）使用棘轮扳手、十字螺钉旋具安装电子风扇右侧固定螺栓，如图3-2-24所示。

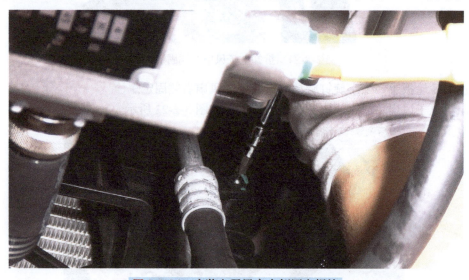

图3-2-24　安装电子风扇右侧固定螺栓

标准力矩：4N·m。

6）安装风扇控制器线束固定卡扣。

7）安装两个电子风扇控制器插接器，如图3-2-25所示。

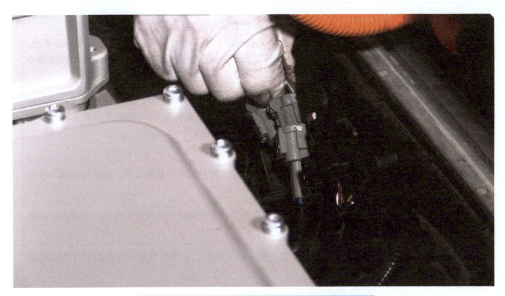

图3-2-25　安装两个电子风扇控制器插接器

8）检查插接器是否牢固可靠，如图3-2-26所示。

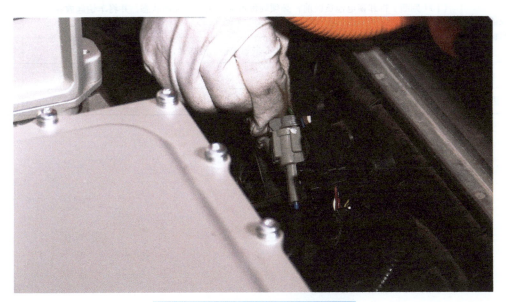

图3-2-26　检查插接器是否牢固可靠

9）清除防护胶带，安装蓄电池负极，并使用10mm扳手紧固负极线固定螺栓。标准力矩：10N·m。

四、任务考核

目标	考核题目	得分
知识目标	（1）（判断）比亚迪 e6 纯电动汽车驱动电机与控制器采用的冷却系统是闭式水冷循环系统，由散热器总成、电子风扇总成、电动水泵总成、冷却管路等组成，冷却液介质为乙二醇型冷却液。（ ）	
1	（2）（单选）比亚迪 e6 电机与控制器冷却系统由（ ）提供动力，低温冷却液通过管路由散热器流向待散热元件（电机控制器、DC/DC 变换器、电机），冷却液在待散热元件处吸收热量后，再通过冷却管路流经散热器进行散热，之后进行下一个循环。 A. 电动风扇　　B. 油泵　　C. 电动水泵　　D. 驱动电机	
	（3）（判断）电动水泵的作用是冷却液循环的动力元件，对冷却液加压，促使冷却液在冷却系统中循环，带走系统散发的热量。（ ）	
	（4）（判断）电子风扇的作用是提高流经散热器、冷凝器的空气流速和流量，以增强散热器的散热能力，并冷却机舱其他附件。（ ）	
2	（1）（判断）驱动电机与控制器冷却系统工作不良时，会导致电机与控制器温度过低的故障。（ ）	
	（2）（多选）驱动电机与控制器冷却系统工作不良时，可能的原因有（ ）。 A. 冷却液少　　B. 电动水泵工作不良　　C. 散热器工作不良　　D. 散热器风扇工作不良	
	（3）（多选）电机系统过热可能的原因有（ ）。 A. 水泵故障　　B. 电子风扇故障　　C. 冷却液过少　　D. 冷却系统内部堵塞	
技能目标	（1）（判断）拆卸蓄电池负极前，必须确保点火开关处于关闭状态，并将车钥匙放在口袋。（ ）	
	（2）（判断）在取下电子风扇时，应小心散热水箱上的水管，避免造成损坏。（ ）	
总分：	分	
教师评语：		

项目四　新能源汽车动力驱动单元

项目描述

动力驱动单元用于将动力电池的能量按照整车控制单元 VCU 的要求转换成车辆需要的机械能，用于驱动车辆行驶。在混合动力汽车中，驱动单元也是连接内燃机与电力驱动的重要部件。

本项目介绍动力驱动单元的相关知识，包含以下两个任务：

任务一　混合动力汽车驱动单元认知。

任务二　纯电动汽车驱动单元认知。

通过以上两个任务的学习，你能够了解动力驱动单元的驱动形式和特点。

任务一　混合动力汽车驱动单元认知

学习目标

◎ 知识目标

　1. 能够描述混合动力汽车的驱动类型。

　2. 能够描述混合动力汽车不同驱动类型的特点。

◎ 技能目标

　能够检索资料，总结混合动力汽车各种驱动类型的结构和特点。

一、任务导入

作为从事新能源汽车行业的专业人员，你知道混合动力汽车有几种驱动形式吗？

二、获取信息

引导问题 1 混合动力汽车有几种驱动类型？

混合动力汽车是由两种或两种以上的动力来进行驱动的，当前大多数的混合动力汽车主要由内燃机和电力两种动力进行驱动。

根据内燃机与电力之间连接的方式，可以将混合动力汽车分为串联式混合动力、并联式混合动力以及混联式混合动力三种类型，如图4-1-1所示。

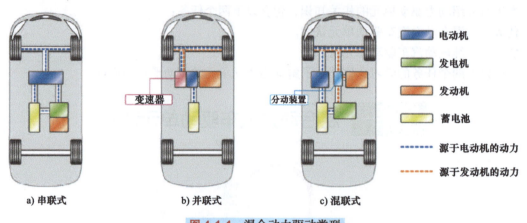

a) 串联式　　　b) 并联式　　　c) 混联式

图 4-1-1　混合动力驱动类型

引导问题 2 混合动力汽车几种不同的驱动类型分别具有哪些特点？

以下介绍混合动力汽车不同驱动类型的结构特点。

1. 串联式混合动力驱动单元

串联式混合动力驱动单元是指车辆的驱动力只来源于电机的混合动力汽车，其特点是发动机带动发电机发电，电能通过驱动电机控制器输送给电机，由电机驱动汽车行驶。另外，动力电池也可以单独向电机提供电能驱动汽车行驶。如雪佛兰VOLT（图4-1-2）采用这种形式的驱动单元。

（1）驱动单元主要结构形式

图 4-1-2　雪佛兰 VOLT

VOLT 驱动单元内部设置有单级单排行星齿轮机构、两个电机和两个离合器，其连接关系如图 4-1-3 所示。

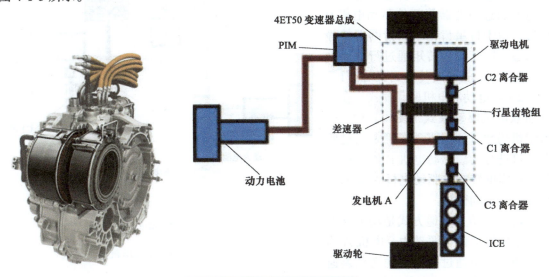

图 4-1-3 驱动单元结构示意图

内部部件的连接关系是行星齿轮机构的太阳轮与电机 B 刚性连接，齿圈受 C1 和 C2 离合器的控制，行星架实现动力输出。

行星齿轮安装于输出行星架总成内。太阳轮与输出太阳轮轴啮合。齿圈与 C2 外圈及 C1 内圈配合。C1 工作时，齿圈处于静止状态。C2 工作时，齿圈与发电机 A 连接。

（2）驱动单元运行模式

雪佛兰 VOLT 驱动单元运行时有三种运行模式，即纯电动单电机驱动模式、纯电动双电机驱动模式和内燃机运行电动驱动模式。

1）纯电动单电机驱动模式。纯电动单电机驱动模式（图 4-1-4）下，内燃机是处于关闭的状态，仅由电机驱动车辆。

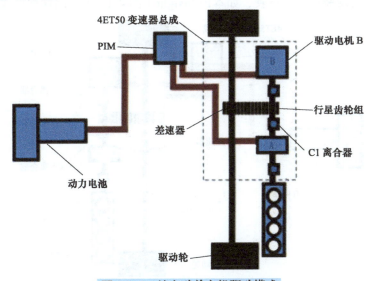

图 4-1-4 纯电动单电机驱动模式

在纯电动单电机驱动模式下，驱动单元内部部件的动力传递方式是C1离合器接合以保持行星齿轮组的齿圈处于静止状态，动力电池通过逆变器等部件驱动电机B运转，由于行星齿轮组的齿圈保持静止状态，因此旋转转矩通过行星架输送到差速器，并最终传输到驱动轮上。

2）纯电动双电机驱动模式。在纯电动双电机驱动模式（图4-1-5）下，内燃机仍然关闭，驱动车辆是通过两个电机进行的。驱动电机B提供移动车辆所需的转矩，驱动电机A辅助电机B驱动车辆行驶。

内部的动力传递方式是动力电池为两个电机提供电源动力，电机A驱动齿圈，转矩通过行星架输送到差速器齿轮，并通过差速器传递至驱动轮；电机B驱动太阳轮，太阳轮驱动行星架的行星齿轮，转矩通过行星架输送到差速器齿轮，并通过差速器传递至驱动轮。

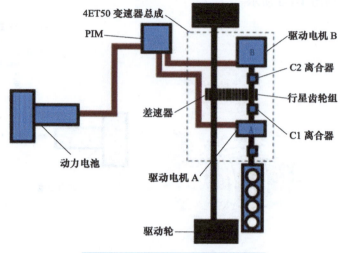

图4-1-5　纯电动双电机驱动模式

3）内燃机运行电动驱动模式。内燃机运行电动驱动模式（图4-1-6）下，内燃机运行，并驱动电机A产生电能，以提供电能至驱动电机B，将转矩提供至车轮；同时将多余的电能存储在动力电池中。此时驱动单元内部动力传递形式是，C1离合器将保持行星齿轮组的齿圈处于静止状态，C3离合器将驱动电机A与内燃机相连接。驱动电机A产生的电能传递给驱动电机B驱动太阳轮，由于齿圈保持静止状态，因此旋转转矩则通过行星架传输到差速器，并通过差速器传输到驱动轮上。

2. 并联式混合动力驱动单元

并联式混合动力驱动单元是指车辆的驱动力由电机和发动机同时或单独供给的混合动力汽车，其结构特点是并联式驱动系统可以单独使用发动机或电机作为动力源，也可以同时使用电机和发动机作为动力源驱动汽车行驶，如本田Insight（图4-1-7）采用这种形式的驱动单元。

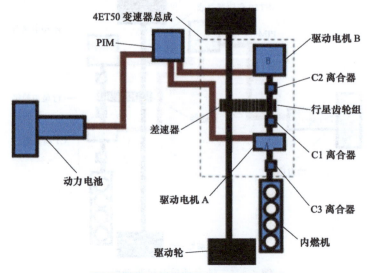

图4-1-6　内燃机运行电动驱动模式

图 4-1-7　本田 Insight 混合动力汽车

本田 Insight 并联式混合动力驱动单元的运行模式如图 4-1-8 所示。

图 4-1-8　本田 Insight 并联式混合动力驱动单元的运行模式

3. 混联式混合动力驱动单元

混联式混合动力驱动单元是指具备串联式和并联式两种结构的混合动力汽车，其特点是可以在串联混合模式下工作，也可以在并联混合模式下工作。混联式混合动力多了动力分离装置，动力一部分用于驱动车轮，另一部分用于发电，如丰田普锐斯（图 4-1-9）采用这种形式的驱动单元。

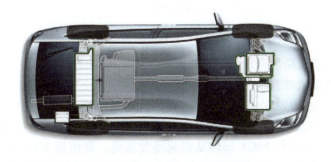

图 4-1-9　丰田普锐斯混合动力汽车

驱动单元取代了变速器，它安装在内燃机上，内部的部件主要有电机 MG1 和 MG2，两个行星齿轮组，差速齿轮和控制离合器，如图 4-1-10 所示。

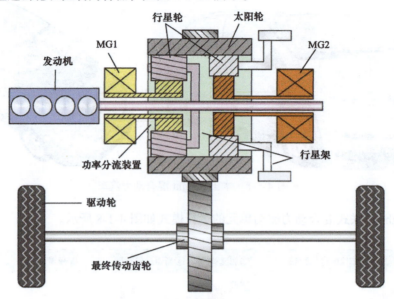

图 4-1-10　驱动单元内部结构示意图

行星齿轮机构将内燃机的动力分往两个方向：一部分驱动车轮，另一部分驱动 MG1，使其能作为发电机工作。行星齿轮机构连接关系如图 4-1-11 所示。

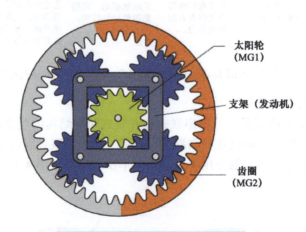

图 4-1-11　行星齿轮机构连接关系

采用混联形式的普锐斯混合动力汽车有以下 3 种运行模式：
（1）车辆停止发动机被起动

车辆停止时发电机 MG2 处于静止状态，此时发动机停机不工作。当电源控制 ECU 模块监测到 SOC 充电状态过低或电载荷过大等不符合条件需要起动发动机时，电源控制 ECU 模块向主 ECU 发出信号控制发电机 MG1 运转从而起动发动机。发电机 MG2 处于静止状态，发电机 MG1 驱动太阳轮正向旋转，所以行星架连接发动机作正向减速输出运动即发动机被起动。在发动机被起动的期间，为防止发电机 MG2 运转，此时发电机 MG2 将接收电流以施加制动。当发动机起动完成后，发电机 MG1 的驱动电流会立即被切断，此时发电机 MG2 仍然静止，发动机带动行星架输入太阳轮正向增速输出,即发电机MG1被驱动并作为发电机对动力电池进行充电,如图4-1-12所示。

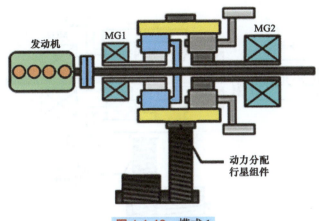

图 4-1-12　模式 1

（2）车辆低负荷工况

车辆发动机在低负荷工况时处在高油耗、高排放污染区域,而普锐斯混合动力汽车此时利用EV模式,由动力电池向电机MG2提供的电能驱动车辆行驶。此时发动机停机不运行,加速踏板开度不大,电机MG1反向旋转但不发电。主ECU便控制动力电池向电机MG1供电使其以较低转速正向旋转从而起动发动机。首先电机MG1的驱动电流会使其停止转动,根据图示此时发动机已经正向旋转,车速的高低决定了电机MG1正向旋转的转速大小；然后当电源控制ECU模块接收到发动机已经运转的信号后会立即切断电机MG1的驱动电流,已经起动的发动机带动电机MG1正向旋转从而将其转换成发电机对动力电池进行充电,如图4-1-13所示。

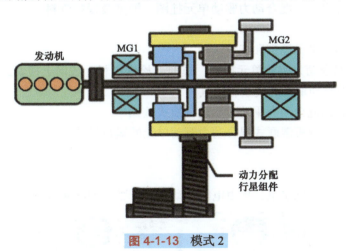

图 4-1-13　模式 2

（3）车辆正常行驶工况

车辆在正常行驶状态时,发动机和电机MG2一同驱动。此时发动机能够在最佳工况下运转,一部分动力直接输出到驱动车轮,剩余的动力带动电机MG1作为发电机发电,通过变频器总成一系列的调整和转换电能驱动电机MG2从而输出动力。当动力电池的电量少时,发动机输出功率会被提高带动电机MG1加大发电量向动力电池充电。当车辆由正常行驶状态进入巡航状态时，电机 MG1 的转速可以有所下降，这样发动机可以在较低的经济转速下工作，从而提高了车辆的经济性，如图 4-1-14 所示。

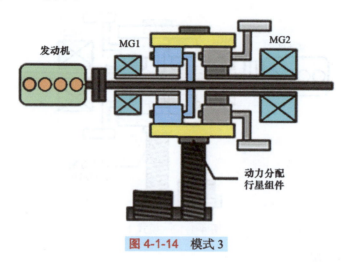

图 4-1-14　模式 3

三、任务实施

1. 实施要求

本操作任务主要完成混合动力汽车驱动单元类型识别和特点分析。

（1）混合动力汽车驱动单元类型和特点认知

（2）普锐斯混联式混合动力驱动单元运行模式认知

2. 实施准备

普锐斯混合动力汽车；混合动力驱动单元挂图、模型及视频资料。

3. 实施步骤

（1）混合动力驱动单元类型和特点认知

参观实训室的混合动力驱动单元挂图、模型；检索资料，或网上搜索或走访周边汽车销售店面，了解混合动力驱动单元的类型和特点。

（2）普锐斯混联式混合动力驱动单元运行模式认知

对照实车或台架，分析混联式混合动力驱动单元的运行模式。

1）起动车辆。

2）纯电动模式。

由动力电池给驱动电机供电，再由电机驱动车辆行驶，如图 4-1-15 所示。

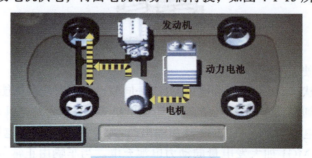

图 4-1-15　纯电动模式

3）传统燃油模式。

由发动机直接驱动车辆行驶，如图 4-1-16 所示。

4）能量回收模式。

在制动或惯性滑行过程中释放出多余能量，并通过发电机将其转化为电能，如图 4-1-17 所示。

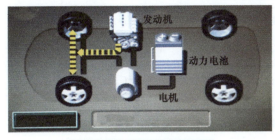

图 4-1-16　传统燃油模式　　　　　图 4-1-17　能量回收模式

5）怠速充电模式。

由发动机带动发电机给动力电池充电，如图 4-1-18 所示。

6）驱动与发电模式。

由发动机驱动车辆行驶，驱动轮牵引电机给动力电池供电，如图 4-1-19 所示。

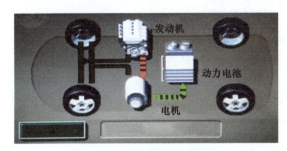
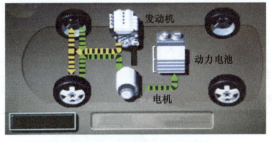

图 4-1-18　怠速充电模式　　　　　图 4-1-19　驱动与发电模式

7）全速驱动模式。

当整车需要更大加速度时，电机和发动机一起传输动力驱动车辆行驶，如图 4-1-20 所示。

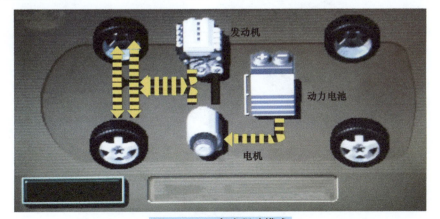

图 4-1-20　全速驱动模式

四、任务考核

目标	考核题目	得分
知识目标	1 （1）（判断）混合动力汽车是由两种或两种以上的动力来进行驱动的，当前大多数的混合动力汽车主要由内燃机和电力两种动力进行驱动。（　） （2）（单选）根据内燃机与电力之间连接的方式，可以将混合动力汽车分为（　）种类型。 A.2　　B.3　　C.4　　D.5 （3）（判断）混合动力汽车的驱动类型可分为串联式、并联式两种类型。（　）	
	2 （1）（判断）串联式混合动力驱动单元是指车辆的驱动力只来源于电机的混合动力汽车，其特点是发动机带动发电机发电，电能通过驱动电机控制器输送给电机，由电机驱动汽车行驶。（　） （2）（判断）并联式混合动力驱动单元是指车辆的驱动力由电机和发动机同时供给的混合动力汽车。（　） （3）（判断）混联式混合动力驱动单元是指具备串联式和并联式两种结构的混合动力汽车，其特点是可以在串联混合模式下工作，也可以在并联混合模式下工作。（　）	
技能目标	（1）（单选）雪佛兰 VOLT 采用的是（　）混合动力汽车。 A. 串联式　　B. 混合式　　C. 并联式　　D. 以上都不是 （2）（单选）属于混联式的混合动力汽车的是（　）。 A. 丰田普锐斯　　B. 捷豹 I-PACE　　C. 特斯拉 MODEL S　　D. 宝马 i3	
总分：	分	
教师评语：		

任务二　纯电动汽车驱动单元认知

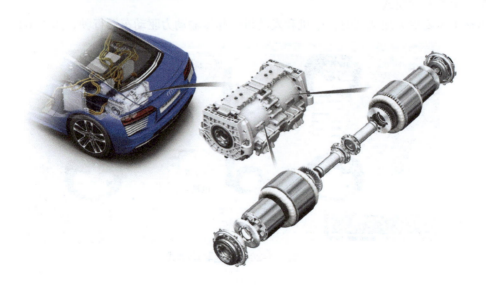

学习目标

◎ **知识目标**

1. 能够描述纯电动汽车驱动单元的功能和基本结构。
2. 能够描述纯电动汽车的驱动类型。
3. 能够描述纯电动汽车的电机驱动系统的类型。
4. 能够描述典型纯电动汽车驱动单元的结构特点。

◎ **技能目标**

能够检索资料，总结纯电动汽车各种驱动类型的结构和特点。

一、任务导入

作为从事新能源汽车行业的专业人员，你知道纯电动汽车有几种驱动形式吗？

二、获取信息

引导问题 1 　纯电动汽车驱动单元有什么功能？基本结构是什么？

1. 纯电动汽车驱动单元功能

纯电动汽车驱动单元的功能是将储存在动力电池中的电能高效地转化为车轮的动能进而驱动汽车行驶，并能够在汽车减速制动或下坡时，实现再生制动。

驱动电机的功能是将电能转化为机械能，通过传动装置驱动或直接驱动车轮。早期的纯电动汽车上广泛采用直流串激电机，这种电机具有"软"的机械特性，与汽车的行驶特性非常适应。但直流电机由于存在换向火花，比功率较小，效率较低，维护保养工作量大等缺点，随着电机技术和电机控制技术的发展，正在逐渐被直流无刷电机、永磁同步电机和交流异步电机所取代。

2. 纯电动汽车驱动单元基本结构

与混合动力汽车相比，纯电动汽车驱动单元结构更加简单，没有混合动力汽车驱动单元内部需要兼顾内燃机与电力驱动两个动力的复杂连接结构。如图4-2-1是纯电动汽车驱动单元的外形。

纯电动汽车驱动单元内部通常主要包括一台大功率的驱动电机和用于将电机进行减速的行星齿轮减速机构，或者其他形式的减速机构，同时根据驱动单元的设计不同，有的车辆驱动单元还包括有差速机构。

纯电动汽车驱动单元是电动汽车的核心，也是区别于内燃机汽车的最大不同点。电动汽车对驱动系统的要求很高。驱动系统应符合下列要求：

1）瞬时功率大，短时过载能力强，以满足爬坡及加速的需要。
2）调速范围宽广。
3）在运行的全部速度范围和负载范围内，具有较高的效率。也就是在电机所有工作范围内综合效率高，以尽量提高电动汽车续驶里程。
4）可靠性高，使用方便简单，价格低廉。

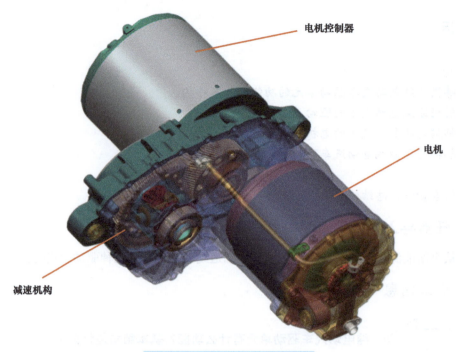

图 4-2-1 纯电动汽车驱动单元

5）功率密度高，体积小，质量轻。

纯电动汽车驱动单元内部基本结构如图 4-2-2 所示。传动装置的作用是将电机的驱动转矩传给汽车的驱动轴。因为电机可以带负载起动，所以纯电动汽车上无须传统内燃机汽车的离合器，并且驱动电机的转向可以通过电路控制来实现变换，因此，纯电动汽车无须内燃机汽车变速器中的倒档。当采用电机无级调速控制时，电动汽车可以省去传统汽车的变速器。在采用电动轮驱动时，纯电动汽车也可以省去传统内燃机汽车传统系统的差速器。

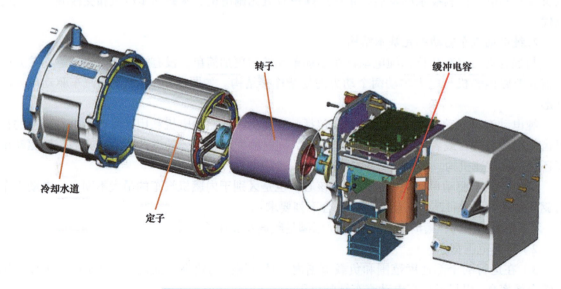

图 4-2-2 纯电动汽车驱动单元内部基本结构

> 引导问题2　纯电动汽车有几种驱动类型？

针对驱动轮所施加驱动转矩的来源来说，电动车辆所采用的驱动方式总体上可分为两种：集中驱动和车轮独立驱动。

（1）集中驱动

集中驱动是利用一个动力源通过变速器和减速器（或只通过减速器）降速增矩，最后经差速器将驱动转矩大致平均地分配给左右驱动半轴，可以采用前轮驱动、后轮驱动或四轮驱动的形式，其结构如图4-2-3所示。

（2）独立驱动

车轮独立驱动是利用多个动力源分别驱动单个车轮，可以分为两轮独立驱动和四轮独立驱动，其结构如图4-2-4所示。

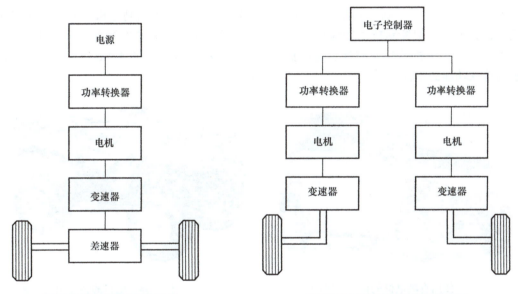

图 4-2-3　集中驱动形式　　　　　图 4-2-4　车轮独立驱动形式

集中驱动和车轮独立驱动优缺点的比较如表4-2-1所示。

表 4-2-1　集中驱动和车轮独立驱动优缺点比较

参数	集中驱动	独立驱动
成本	较低	较高
体积	笨重	分散
重量	集中	分散
效率	较低	较高
差速方式	机械式	电子式

> 引导问题 3　纯电动汽车有几种电机驱动系统?

纯电动汽车常用的电机驱动系统有 4 种类型：直流电机驱动系统、交流电机驱动系统、永磁同步电机驱动系统和开关磁阻电机驱动系统。

1. 直流电机驱动系统

直流电机驱动系统采用有刷直流电机，电机控制器一般采用斩波器控制方式。它具有成本低、易于平滑调速、控制器简单、控制相对成熟等优点。但由于需要电刷和换向器，结构复杂，运行时有火花和机械磨损，所以电机运行转速不宜太高。尤其是对无线电信号的干扰，这对高度智能化的未来电动汽车是致命的弱点。鉴于直流电机驱动系统的驱动控制器部分优势突出，使得直流电机驱动系统在当前燃料电池电动汽车领域仍占有一席之地，如图 4-2-5 所示的是一辆使用直流电机的低速纯电动车。

2. 异步电机驱动系统

异步电机结构简单，制造容易，效率比直流电机高，与永磁无刷电机、开关磁阻电机相比，成本最为低廉，但控制技术较为复杂。总的说来，异步电机系统的综合性价比具有一定的优势，尤其是异步电机的高可靠性、免维护、成本低廉的优点，如图 4-2-6 所示是一辆使用异步电机的特殊功能的车辆。

图 4-2-5　使用直流电机的低速纯电动车

图 4-2-6　使用异步电机的特殊功能车辆

3. 永磁同步电机驱动系统

永磁同步电机驱动系统的效率高是其最大特点，质量轻，体积小，也无须维护。与异步电机相比，永磁同步电机成本较高，可靠性和使用寿命也较差，同时永磁体还存在失磁的可能。另外，其制造工艺比异步电机复杂。在控制方面，由于永磁体的存在，弱磁控制有一定的难度。目前大多数纯电动汽车的永磁同步电机都带有冷却系统，如图 4-2-7 所示。

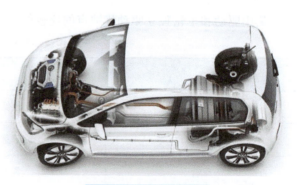
图 4-2-7　纯电动汽车

4. 开关磁阻电机系统

开关磁阻电机转子没有绕组，做成凸极，结构简单，可靠性高，快速响应好，效率与异步电机相当。由于转子无绕组，该电机系统特别适合频繁的正反转及冲击负载等工况。开关磁阻电机系统驱动电路采用的功率开关元件较少,电路简单,能较方便地实现宽调速和制动能量的反馈。因此,这种系统在电动汽车中亦有一定的应用,缺点主要在于其结构带来的噪声和振动较大。

> **引导问题 4** 典型的纯电动汽车驱动系统有什么结构特点?

以下介绍北汽新能源和比亚迪 e6 纯电动汽车驱动单元的结构特点。

1. 北汽新能源纯电动汽车驱动单元结构认知

以下以北汽新能源采用的上海大郡动力控制技术有限公司生产的 EA80 电机系统为例,介绍北汽电机控制系统(驱动单元)的结构组成。

如图 4-2-8 所示,北汽新能源 EV 系列纯电动汽车的电机控制系统由电机和电机控制器组成。

a) 电机　　　　　　　　　　　　b) 电机控制器

图 4-2-8　北汽新能源的电机和电机控制器

图 4-2-9 所示是北汽新能源电机控制系统的结构和控制示意图;其中电机主要负责机械动力的输出,其安装环境主要是在传动轴上;电机控制器主要负责电能的交直流转换,其安装环境主要是电能和信号的连接。

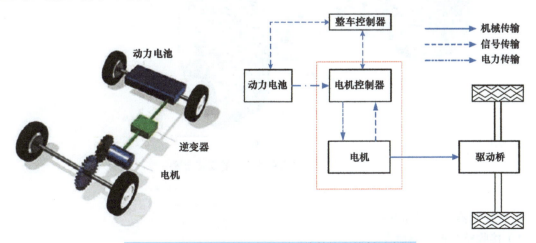

图 4-2-9　北汽新能源电机控制系统结构和控制示意图

EA80 电机为永磁同步电机,其具有以下特点:

1)功率因数高,节约无功功率,降低了定子电流,减少了定子铜损。
2)高效率,高功率密度,宽的调速范围。
3)采用封闭、液冷散热设计,电机适合于高温等恶劣的工作环境。
4)采用内嵌式结构,可以控制磁阻转矩为正,在相同电流下可产生更大的转矩。
5)通过电机内置热敏电阻,能起到电机过温保护功能。

电机在整车中的安装布置如图 4-2-10 所示。

a)两驱

b)四驱

图 4-2-10 电机在整车中的安装布置

电机控制器的作用如下:
1)接收整车控制器命令。
2)将直流电压转化为交流电压,控制电机在不同转速下的转矩输出。
3)将电机控制器系统的状态返回给整车。

电机控制器又称智能功率模块，电机控制器是驱动系统的控制中心。它对所有的输入信号进行处理，并将电机控制系统运行状态的信息发送给整车控制器，其具有以下特点：

1）结构设计紧凑。

2）采用最新的 IGBT 技术，采用液冷散热。

3）电机控制器能通过 SAEJ1939 与服务工具以及整车控制器进行通信数据连接。

4）采用较高的开关频率 5kHz，电机运行噪声小。

5）采用转子磁场定向控制以及空间矢量脉宽调制 SVPWM 技术，实现转矩闭环控制，转矩控制精度高。

6）高压逆变电路的直流高压输入和低压控制电路分别独立供电，互不干扰；高压直流输入电压范围宽 200~440V。

电机控制器在整车中的安装布置如图 4-2-11 所示。

图 4-2-11　电机控制器在整车中的安装布置

2. 比亚迪 e6 驱动单元结构认知

（1）部件位置

比亚迪 e6 动力总成由驱动电机和变速器组成，如图 4-2-12 所示。

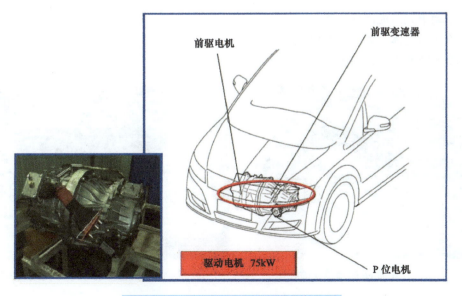

图 4-2-12　比亚迪 e6 动力总成部件位置

（2）e6 驱动单元结构

比亚迪 e6 的驱动单元结构如图 4-2-13 所示。

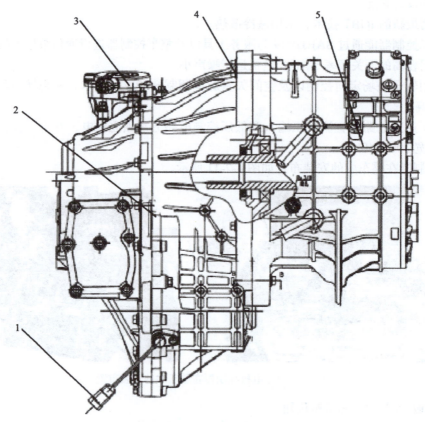

图 4-2-13　比亚迪 e6 驱动单元结构

1—速度传感器　2—前驱变速器总成　3—P 位电机　4—法兰面螺栓 M12×1.25×55　5—动力电机 75kW

（3）驱动单元组成部件认知

驱动单元前壳体，如图 4-2-14 所示。

驱动单元减速齿轮，如图 4-2-15 所示。

图 4-2-14　比亚迪 e6 驱动单元前壳体

图 4-2-15　比亚迪 e6 驱动单元减速齿轮

驱动单元解角器，如图 4-2-16 所示。

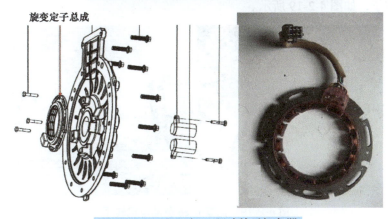

图 4-2-16　比亚迪 e6 驱动单元解角器

驱动单元解角器轴承，如图 4-2-17 所示。

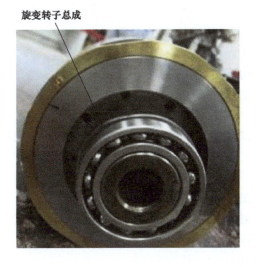

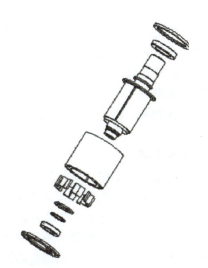

图 4-2-17　比亚迪 e6 驱动单元解角器轴承

驱动单元定子线圈，如图 4-2-18 所示。

图 4-2-18　比亚迪 e6 驱动电机定子线圈

驱动电机转子，如图 4-2-19 所示。

图 4-2-19　比亚迪 e6 驱动电机转子

三、任务实施

1. 实施要求

本操作任务主要完成纯电动汽车驱动单元类型识别和特点分析。

（1）纯电动汽车驱动单元类型和特点认知。

（2）北汽新能源纯电动汽车驱动单元结构认知。

（3）比亚迪纯电动汽车驱动单元结构认知。

2. 实施准备

北汽新能源、比亚迪 e6 纯电动汽车驱动单元总成及部件；纯电动汽车驱动单元挂图、模型及视频资料。

3. 实施步骤

（1）纯电动汽车驱动单元类型和特点认知

参观实训室的纯电动汽车动力驱动单元挂图、模型；检索资料，或网上搜索或走访周边汽车销售店面，了解纯电动汽车动力驱动单元的类型和特点。

（2）典型纯电动汽车驱动单元的结构特点

根据实训室的装备，认识纯电动汽车驱动单元的结构特点。

1）北汽新能源纯电动汽车驱动单元结构认知。

2）比亚迪 e6 纯电动汽车驱动单元结构认知。

3）其他纯电动汽车驱动单元结构认知。

四、任务考核

目标		考核题目	得分
知识目标	1	（1）（多选）下面说法正确的是（　　）。 A. 与纯电动汽车相比，混合动力汽车的驱动单元结构较为简单 B. 随着电机技术和电机控制技术的发展，目前直流电机应用越来越少 C. 目前电动汽车应用的常见电机有永磁同步电机和交流异步电机 D. 纯电动汽车驱动单元是电动汽车的核心，也是区别于内燃机汽车的最大不同点 （2）（判断）驱动电机的功能是将电能转化为机械能，通过传动装置驱动或直接驱动车轮。（　　） （3）（判断）纯电动汽车驱动单元的功能是将储存在动力电池中的电能高效地转化为车轮的动能进而推进汽车行驶，并能够在汽车减速制动或者下坡时，实现再生制动。（　　）	
	2	（1）（单选）针对驱动轮所施加驱动转矩的来源来说，电动车辆所采用的驱动方式总体上可分为（　　）种。 A. 5　　B. 4　　C. 3　　D. 2 （2）（判断）集中驱动利用一个动力源通过变速器和减速器（或只通过减速器）降速增矩，最后经差速器将驱动转矩大致平均地分配给左右驱动半轴，可以采用前轮驱动、后轮驱动或四轮驱动的形式。（　　） （3）（判断）与集中驱动相比，独立驱动的效率较低，成本较高。（　　）	
	3	（1）（判断）纯电动汽车常用的电机驱动系统有两种类型：直流电机驱动系统、交流电机驱动系统。（　　） （2）（单选）纯电动汽车常用的电机驱动系统有（　　）种类型。 A. 5　　B. 4　　C. 3　　D. 2 （3）（单选）下面说法不正确的是（　　）。 A. 与永磁无刷电机、开关磁阻电机相比，异步电机成本低廉，但控制较为复杂 B. 与异步电机相比，永磁同步电机成本较高，可靠性和使用寿命较差 C. 直流电子驱动系统具有结构简单、技术成熟、效率高的特点 D. 目前大多数纯电动汽车的永磁同步电机都带有冷却系统	
	4	（1）（判断）北汽新能源 EV 系列纯电动汽车的电机控制系统由电机和电机控制器组成。（　　） （2）（多选）EA80 电机为永磁同步电机，不属于它的特点是（　　）。 A. 功率因数高，节约无功功率，降低了定子电流，减少了定子铜损 B. 效率低，结构简单 C. 采用内嵌式结构，可以控制磁阻转矩为正，在相同电流下可产生更大的转矩 D. 采用封闭、液冷散热设计，电机适合于高温等恶劣的工作环境 （3）（判断）电机控制器又称智能功率模块，电机控制器是系统的控制中心。它对所有的输入信号进行处理，并将电机控制系统运行状态的信息发送给整车控制器。（　　）	
技能目标		（1）（多选）北汽新能源的电机控制器，它的特点是（　　）。 A. 结构设计紧凑　　　B. 采用最新 IGBT 技术 C. 电机运行噪声大　　D. 结构简单	
总分：		分	
教师评语：			

项目五 新能源汽车能量管理系统

项目描述

新能源汽车需要对输出的能量进行管理。传统汽车在紧急制动或下长坡时,利用"发动机制动"来减慢车速,防止制动温度过高。纯电动汽车没有发动机,在紧急制动或下长坡时,会进行驱动电机能量回收。本项目介绍新能源汽车能量管理系统的控制原理,包含以下两个任务:

任务一　新能源汽车能量管理系统认知。
任务二　新能源汽车制动能量回收系统认知。

通过以上两个任务的学习,你能够认识新能源能量管理系统以及制动能量回收系统的工作原理及特点。

任务一 新能源汽车能量管理系统认知

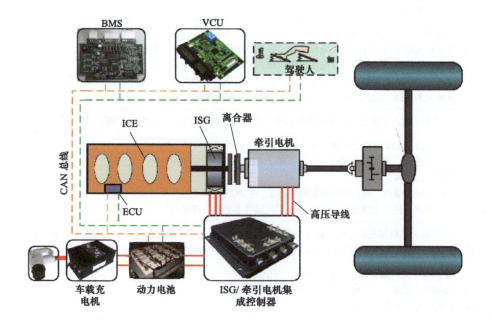

项目五 新能源汽车能量管理系统

学习目标

◎ **知识目标**
  1. 能够描述新能源汽车能量管理系统的作用。
  2. 能够描述新能源汽车能量管理系统的工作原理。

◎ **技能目标**
  能够识别新能源汽车能量图。

一、任务导入

你的主管让你向客户介绍能量图的识别，你能完成这个任务吗？

二、获取信息

引导问题 1 ➤ **新能源汽车为什么要进行能量管理？**

动力电池是新能源汽车的储能设备。新能源汽车依靠具有比能量高、使用寿命长、比功率大等特点的动力电池为动力源，以此来提升车辆的动力特性。为了满足动力性的要求，就必须对动力电池进行系统地管理。

能量管理系统是电动汽车的智能核心。一辆性能优异的电动汽车，除了有良好的机械性能、电驱动性能、选择适当的能量源外，还应该具备一套能够协调各个功能部件工作的能量管理系统。能量管理系统的作用是检测单个电池或电池组的荷电状态，并根据各种信号，如加减速命令、行驶路况、动力电池状况、环境温度等，合理地调配和使用有限的车载能量；它还能够根据电池组的使用情况和充放电历史选择最佳充电方式，以尽可能延长电池的寿命。

电动汽车动力电池的实时存储电能和续驶里程数，是电动汽车行驶重要参数，也是电动汽车能量管理系统的主要功能。在电动汽车上应用电动汽车车载能量管理系统，可以更加准确地设计电动汽车的电能储存系统，确定一个最佳的能量存储及管理结构，并且可以提高电动汽车本身的性能。

引导问题 2 ➤ **新能源汽车能量管理系统是如何工作的？**

新能源汽车能量管理系统属于车辆控制系统的一部分，应在车辆控制系统选定的工作模式下，对能量输出的分配进行优化和最佳控制。纯电动汽车能量管理系统相对简单，而混合动力汽车的能量管理系统十分复杂，并且随系统组成的不同而呈现出很大的差异。以下分别对串联式混合动力汽车和并联式混合动力汽车的能量管理系统进行分析。

1. 串联式混合动力汽车的能源管理系统

串联式混合动力汽车的发电机与汽车行驶工况没有直接关系，系统从外界获取能量的途径主要有三条：由燃料化学能转换来的能量、由电网充入动力电池的能量、回收的制动及减速能量。系统消耗的能量除了驱动车轮的动力能量外，还有电动机自身的损耗、电池充放电过程中的损耗、发电机的损耗等。能量管理系统的目标是使发动机在最佳效率区和排放区工作，并尽量减少系统本身损耗,以实现最高的能量转换效率。串联式混合动力汽车的发动机能量管理系统的控制策略有多种,如恒温器型控制策略和功率跟踪型控制策略等。

(1) 恒温器型控制策略

恒温器型控制策略也称开关型控制策略,其特点是为了保证良好的动力电池组充放电工作性能,预先设定动力电池充放电状态(State of Charge,SOC)的最大值与最小值。当动力电池的 $SOC=SOC_{min}$ 时,发电机工作并向动力电池充电;当 $SOC=SOC_{max}$,发电机便停止向动力电池充电。恒温器型控制策略系统控制流程如图 5-1-1 所示。

系统软件由系统初始化模块、数据采集模块、数据分析模块和数据显示模块组成。SOC_{max} 和 SOC_{min} 的数值分别设定为 80% 和 60%。系统主要功能包括监控电池组工作状况,根据电池组能量自动起动或关闭发电机,对电池组进行充电或停止充电,控制发电机控制器,监控和管理电动机控制器等。

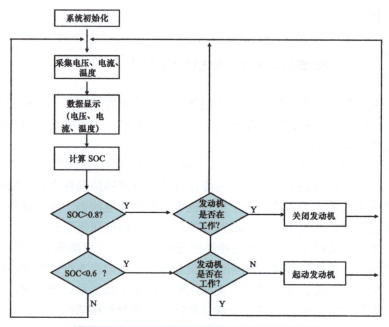

图 5-1-1 恒温器型控制策略系统控制流程图

(2) 功率跟踪型控制策略

功率跟踪器型控制策略的特点是由发动机全程跟踪车辆功率需求,仅在动力电池 $SOC=SOC_{max}$ 且仅由动力电池提供的功率满足车辆需求时,发动机才停止或怠速运行。这种策略的优点是可以采用小容量的动力电池,使汽车的质量减轻,行驶阻力减小。另外,由于动力电池充放电次数减少,因而系统内部损失也减小,其主要缺点是发动机必须工作在较大的工况范围中运行,发动机的平均热效率较低,有害排放较多。

功率跟踪器型混合动力汽车的能量管理系统如图 5-1-2 所示。

该系统常用于混合动力城市公交车。在能量管理系统中建有公交线路数据库,并设定相应的营运控制模式。汽车运行中,对图中所示的各种信号进行实时采集,并对采集的数据进行分析处理,根据汽车的行驶状况,对各动力部件发出控制指令。系统中对发动机的控制采用了功率跟踪的方式,使发动机的输出功率响应车辆需求功率的波动,进行自适应调节。发动机在预先设置的上、下限进行自适应功率跟踪，以保证车辆动力性和发动机额定负荷率。

综合控制策略系统控制模式是上述两种控制模式的一个折中方案。在电池的 SOC 较高时，主要用纯电动模式。而当电池的 SOC 降低到设定的范围内时，发动机带动发电机工作，考虑到发动机的排放和效率，将其输出功率严格限定在一定的变化范围之内。如果能预测到车辆行程内的总能量需求，则一旦电池中储存了足够的能量，在剩余的行程中车辆就可以转换为纯电动模式，到了行程终点正好耗尽电池所允许放出的电能。这种控制模式也称为最佳串联混合动力模式。

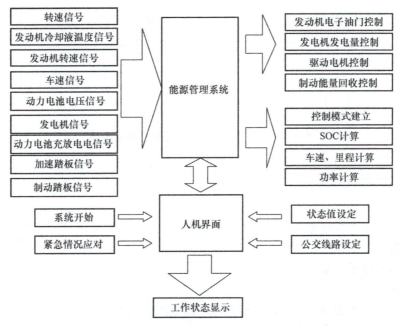

图 5-1-2　功率跟踪器型混合动力汽车的能量管理系统

2. 并联式混合动力汽车的能源管理系统

并联式混合动力汽车主要有两种基本工作模式：内燃机辅助混合动力模式和电动机辅助混合动力模式。

（1）内燃机辅助混合动力模式

内燃机辅助混合动力模式主要利用电池、电机系统来驱动车辆，仅当以较高的巡航速度行驶、爬坡和急加速时才能使内燃机起动。这种控制模式的优点是：大多数情况下车辆都是用电池的电能来工作的，车辆的排放和燃油的消耗减少，同时起动电机可以取消发电机而利用车辆的运动来起动内燃机。这种模式的缺点是：由于内燃机每次关机后重新起动时，内燃机和催化转换装置的温度达到正常温度需要一定的时间，这段时间内发动机的效率降低，尾气排放增加。

（2）电动机辅助混合动力模式

电动机辅助混合动力模式主要利用内燃机来驱动车辆，电动机仅在两种状态下使用：一是利用瞬间加速和爬坡需要峰值功率时，可使内燃机工作在最高效率区间，以减少排放和燃油消耗；二是在车辆减速制动时电机被用来回收车辆的动能（再生制动）对电池进行充电。该模式的主要缺点是，车辆不具备输出电动模式，以及在行驶过程中若经常加速，电池的电能消耗到最低限度，则会失去电机辅助能力，驾驶人会感到车辆性能有所降低，如图 5-1-3 所示。

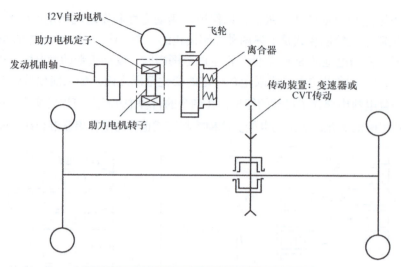

图 5-1-3　并联式混合动力系统结构示意图

三、任务实施

1. 实施要求

本操作任务主要对新能源汽车能量图的识别。

2. 实施准备

丰田普锐斯的教学台架。

3. 实施步骤

以下以丰田普锐斯为例，介绍混合动力汽车能量图的识别。

提示：

普锐斯采用丰田混合动力系统(Toyota Hybrid System，THS)，如图 5-1-4 所示。它利用汽油内燃机和电机两种动力系统，通过串联和并联相结合的形式进行工作。系统在行车过程中可以不断检测车辆行驶工况，然后通过管理控制系统，对车辆动力分配装置的工作模式进行调整，从而达到节油减排的目的。

（1）识别能量图显示形式

起动车辆，并操作混合动力汽车信息显示屏，找到如图 5-1-5 所示的混合动力汽车能量图显示界面。

位于混合动力汽车的娱乐系统显示屏或仪表信息显示中心，均设计有车辆运行状态的实时能量图。该能量图指示了行车过程中动力电池与驱动电机之间电能的流动情况，如图 5-1-5 所示。

能量图会显示以下状态信息：

1）电源关闭：动力电池驱动没有电能流向车轮。

2）电池驱动：当电能从动力电池流向车

图 5-1-4　丰田混合动力系统

轮时，电池图标会被激活。

3）制动能量回收：当车辆进行再生制动或滑行时，再生的电能会由车轮返回至电池。

有些混合动力汽车仪表中都会设计有一个类似功能的能量指示符号（图5-1-6），该符号指导以有效率的方式驾驶，要求保持屏幕中球体为绿色，且处于仪表中间，此时车辆的燃油经济性或电力使用的效率最高。

图 5-1-5 混合动力汽车能量图显示界面

图 5-1-6 混合动力汽车能效指示符号

1）当加速时，如果球体变黄并向上运行，表示加速过猛，不利于效率最佳化。
2）当制动时，如果球体变黄并向下运行，表示制动过猛，也不利于效率最佳化。

（2）记录能量图显示的状态

释放驻车制动器，并将档位换入D位，尝试运行以下状态，并记录能量图显示的状态。

1）空载起步；
2）加速；
3）匀速；
4）急加速；
5）释放加速踏板滑行；
6）制动。

（3）分析记录的能量显示状态

1）起步或中低速

当车辆处于起步或中低速运转时，内燃机不用于驱动车辆，而由动力电池供电给电动机，电动机直接驱动车辆，此时车辆不排放废气，如图5-1-7所示为纯电驱动车辆时的能量流向。

2）普通行驶状态

当车辆处于普通行驶状态时，车辆的行驶动力由内燃机为主，内燃机驱动车轮，同时也带动电动机工作，如图5-1-8所示的内燃机起动时能量流向。

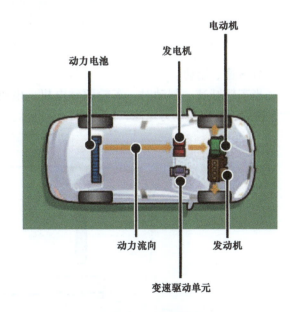

图 5-1-7 纯电驱动车辆

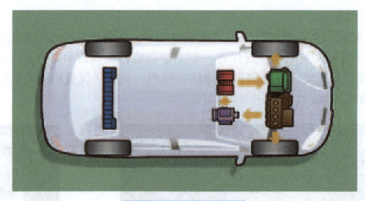

图 5-1-8 内燃机起动

3）急加速

车辆瞬间加速时，车辆动力电池会提供额外的动力给电动机，电动机会辅助内燃机来提高整车动力，改善整车加速性能，此时内燃机瞬态加速性能大幅提高，如图 5-1-9 所示。

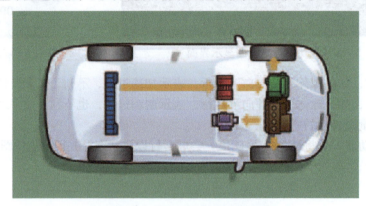

图 5-1-9 电池与内燃机同时工作

4）减速、制动

当车辆减速、制动时，车轮驱动电机，电机起到发电机作用，再生制动将动能转变为电能，并储存于镍氢动力电池，如图 5-1-10 所示。

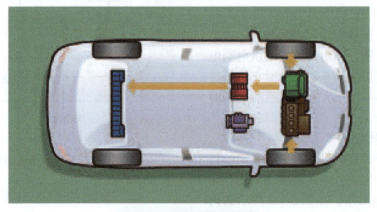

图 5-1-10 制动能量回收

5）动力电池能量低

当系统检测到动力电池电量低时，内燃机可以在驱动车辆的同时，随时带动发电机运转给动力电池充电，如图 5-1-11 所示。

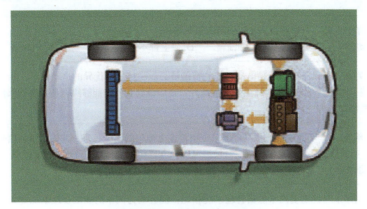

图 5-1-11　内燃机补充发电

思考：

在能量监控器中显示混合动力系统中的能量是如何传输的？

随着驾驶条件的不同，能量传输将会改变，能量监控器有四种双向箭头。按照工单中的文字提示，填写以下的空白处。

提示文字：

发动机、动力电池、车轮、发电机 (MG1)，电动机 (MG2)，电能，机械能

以下箭头显示的是哪种能量传输？

1）从＿＿＿＿＿到＿＿＿＿＿能量形式＿＿＿＿＿

2）从＿＿＿＿＿到＿＿＿＿＿能量形式＿＿＿＿＿

3）从＿＿＿＿＿到＿＿＿＿＿能量形式＿＿＿＿＿

4）从＿＿＿＿＿到＿＿＿＿＿能量形式＿＿＿＿＿

四、任务考核

目标	考核题目	得分
知识目标	1 （1）（单选）动力电池的作用类似于燃油车中的（　）。 A. 发动机　　B. 变速器　　C. 燃油箱　　D. 以上都不对 （2）（判断）能量管理系统是电动汽车的智能核心。一辆性能优异的电动汽车，除了有良好的机械性能、电驱动性能、选择适当的能量源外，还应该具备一套能够协调各个功能部件工作的能量管理系统。（　） （3）（单选）（　）系统的作用是检测单个电池或电池组的荷电状态，并根据各种信号，如加减速命令、行驶路况、动力电池状况、环境温度等，合理地调配和使用有限的车载能量。 A. 车身稳定　　B. 防抱死制动　　C. 能量管理　　D. 发动机电控	
	2 （1）（判断）与纯电动汽车能量管理系统相比，混合动力汽车的能量管理系统更为复杂，并且随系统组成的不同而呈现很大的差异。（　） （2）（判断）串联式混合动力汽车能源管理系统的目标是使发动机在最佳的效率区和排放区工作，并尽量减少系统本身损耗，以实现最高的能量转换效率。（　） （3）（单选）并联式混合动力汽车主要有（　）种基本工作模式。 A. 4　　B. 5　　C. 2　　D. 3	
技能目标	（1）（判断）普锐斯采用丰田混合动力系统，它利用汽油内燃机和电机两种动力系统，通过串联和并联相结合的形式进行工作。系统在行车过程中可以不断检测车辆行驶工况，然后通过管理控制系统，对车辆动力分配装置的工作模式进行调整，从而达到节油减排的目的。（　） （2）（单选）对于丰田普锐斯混合动力能量图的认识，错误的是（　）。 A. 能量图显示的是动力电池与电机控制器之间电能流动的情况 B. 电源关闭：动力电池驱动没有电能流向车轮 C. 电池驱动：当电能从动力电池流向车轮时，电池图标会被激活 D. 制动能量回收：当车辆进行再生制动或者滑行时，再生的电能会由车轮返回至电池 （3）（多选）以丰田普锐斯为例，下面描述正确的是（　）。 A. 当车辆处于起步或中低速运转时，内燃机不用于驱动车辆，而由动力电池供给电动机，电动机直接驱动车辆，此时车辆不排放废气 B. 当车辆处于普通行驶状态时，车辆的行驶动力由内燃机为主，内燃机驱动车轮，同时也带动电动机工作 C. 当车辆减速、制动时，车轮驱动电机，电机起到发电机作用，再生制动将动能转变为电能，并储存于镍氢动力电池 D. 当系统检测到动力电池电量低时，内燃机可以在驱动车辆的同时，随时带动发电机运转给动力电池充电	

总分：　　　分

教师评语：

项目五 新能源汽车能量管理系统 | 139

任务二 新能源汽车制动能量回收系统认知

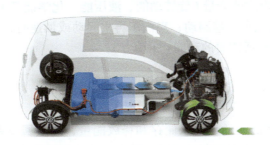

学习目标

◎ **知识目标**

1. 能够描述新能源汽车制动能量回收系统的定义、方法和作用。
2. 能够描述新能源汽车制动能量回收系统的工作原理。
3. 能够描述典型的制动能量回收系统的特点。

◎ **技能目标**

能够进行驱动电机总成的拆卸与安装。

一、任务导入

你的主管让你向客户介绍纯电动汽车能量回收系统的功能，你能完成这个任务吗？

二、获取信息

引导问题 1 什么是能量回收系统？

1. 新能源汽车能量回收系统

能量回收系统也称"制动能量回收系统"或"再生制动"，是指新能源汽车在减速制动（或者下坡）时将汽车的部分动能转化为电能，并将电能储存在储能装置（如各种蓄电池、超级电容和超高速飞轮）中，最终增加新能源汽车的续驶里程。

图 5-2-1 所示为新能源汽车的再生制动/液压制动系统的基本结构，当驾驶人踩下制动踏板后，电动真空泵使制动液增压产生所需的制动力，制动控制与电机控制协同工作，确定电动汽车上的再生制动力矩和前后轮上的液压制动力。

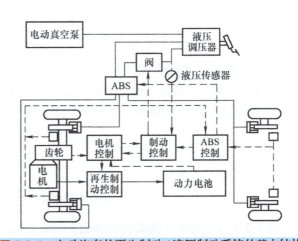

图 5-2-1 电动汽车的再生制动/液压制动系统的基本结构

再生制动时，再生制动控制回收再生制动能量，并且反充至动力电池中。与传统燃油车相同，电动汽车上的 ABS 及其控制阀的作用是产生最大的制动力。

制动能量回收的基本原理是先将汽车制动或减速时的一部分机械能（动能）经能量回收系统转换（或转移）为其他形式的能量（旋转动能、液压能、化学能等），并储存在储能器中，同时产生一定的负荷阻力使汽车减速制动；当汽车再次起动或加速时，再生系统又将储存在储能器中的能量转换为汽车行驶所需要的动能（驱动力）。

2. 制动能量回收方法

根据储能机理不同，电动汽车制动能量回收的方法也不同，主要有3种：飞轮储能、液压储能和电化学储能。

飞轮储能是利用高速旋转的飞轮来储存和释放能量，能量回收系统原理如图5-2-2所示。当汽车制动或减速时，先将汽车在制动或减速过程中的动能转换成飞轮高速旋转的动能；当汽车再次起动或加速时，高速旋转的飞轮又将存储的动能通过传动装置转化为汽车行驶的驱动力。

图 5-2-2　飞轮储能式制动能量回收系统原理

图5-2-3所示是一种飞轮储能式制动能量回收系统示意图。系统主要由发动机、高速储能飞轮、增速齿轮、离合器和驱动桥组成。发动机用来提供驱动汽车的主要动力，高速储能飞轮用来回收再生制动能量及作为负荷平衡装置，为发动机提供辅助的功率以满足峰值功率的要求。

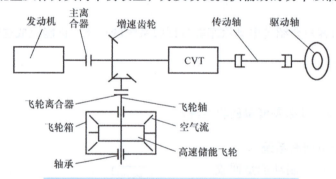

图 5-2-3　飞轮储能式制动能量回收系统示意图

液压储能式制动能量回收系统原理如图5-2-4所示。它先将汽车在制动或减速过程中的动能转换成液压能，并将液压能储存在液压储能器中；当汽车再次起动或加速时，储能系统又将储能器中的液压能以机械能的形式反作用于汽车，以增加汽车的驱动力。

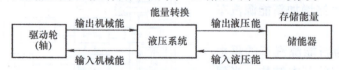

图 5-2-4　液压储能式制动能量回收系统原理

图5-2-5所示是液压储能式制动能量回收系统示意图。系统由发动机、液压泵/电动机、储能器、变速器、驱动桥、离合器和液压控制系统组成。汽车起动、加速或爬坡时，液控离合器接合，液压储能器与连动变速器连接，液压储能器中的液压能通过液压泵/电动机转化为驱动汽车的动能，用来辅助发动机满足驱动汽车所需要的峰值功率。减速时，电控元件发出信号，

使系统处于储能状态，将动能转换为压力能储存在液压储能器内，这时汽车行驶阻力增大，车速降低直至停车。在紧急制动或初始车速较高时，能量回收系统不工作，不影响原车制动系统正常工作。

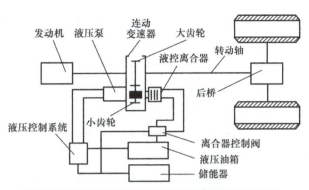

图 5-2-5　液压储能式制动能量回收系统示意图

电化学储能式制动能量回收系统原理如图 5-2-6 所示。它先将汽车在制动或减速过程中的动能，通过发电机转化为电能并以化学能的形式储存在储能器中；当汽车再次起动或加速时，再将储能器中的化学能通过电动机转化为汽车行驶的动能。储能器可采用动力电池或超级电容，由电机实现机械能和电能之间的转换。系统还包括一个控制单元，用来控制动力电池或超级电容的充放电状态，并保证动力电池的剩余电量在规定的范围内。

图 5-2-6　电化学储能式制动能量回收系统原理图

如图 5-2-7 是一种用于前轮驱动汽车的电化学储能式制动能量回收系统示意图。当汽车以恒定速度或加速度行驶时，电磁离合器脱开。当汽车制动时，行车制动器开始工作，汽车减速制动，电磁离合器接合，从而接通驱动轴和变速器的输出轴。这样，汽车的动能由输出轴、离合器、驱动轴、驱动轮和从动轮传到发动机和飞轮上。制动时的机械能由电机转换为电能，存入动力电池。当离合器再分离时，传到飞轮上的制动能，驱动发电机产生电能，存入动力电池。在发电机和飞轮回收能量的同时，产生负载作用，作为前轮驱动的制动力。当汽车再次起动时，动力电池的化学能被转换成机械能用来加速汽车。

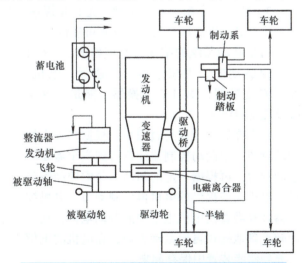

图 5-2-7　电化学储能式制动能量回收系统示意图

电动汽车一般采用这种形式实现再生制动能量回收，采用的办法是在制动或减速时将驱动电动机转化为发电机，3 种储能方法的比较见表 5-2-1。

表 5-2-1　3种储能方法的比较

比较项	飞轮储能	液压储能	电化学储能
能量密度	+	-	++
功率密度	++	++	-
储能效率（短时间）	+	+	++
储能效率（长时间）	--	+	0
能量转换效率	+	-	+
寿命	++	++	--
过负荷容量	+	+	-
可靠性	+	+	-
维护性	+	+	-
噪声	+	+	++
成本	+	-	--

注：表中符号为 ++（优秀）、+（良好）、O（中等）、-（差）、--（较差）。

3. 电动汽车的制动能量回收系统的作用

制动能量回收问题对于提高电动汽车的能量利用率具有重要意义。在汽车制动过程中，汽车的动能通过摩擦转化为热能耗散掉，浪费了大量的能量。有关研究数据表明，在城市行驶，大量的驱动能量被转化为制动能量而消散掉。从平均数值看，制动能量占总驱动能量50%左右。

在电动汽车上采取制动能量回收的主要作用有以下3点：

1) 提高电动汽车的能量利用率。

2) 延长电动汽车的行驶里程，电制动与传统制动相结合，减轻传统制动器的磨损，增长其使用周期，降低成本。

3) 减少汽车制动器在制动，尤其是缓速下长坡及滑行过程中产生的热量，降低汽车制动器的热衰退，提高汽车的安全性和可靠性。

再生制动系统的结构与原理如图 5-2-8 所示，由驱动轮、主减速器、变速器、电机、AC/DC 变换器、DC/DC 变换器、能量存储系统及控制器组成。

汽车在制动或滑行过程中，根据驾驶人的制动意图，由制动控制器计算得到汽车需要的总制动力，再根据一定的制动力分配控制策略得到电机应该提供的电机再生制动力，电机控

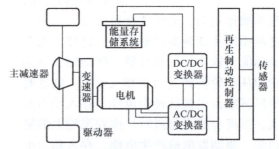

图 5-2-8　再生制动系统结构与原理

制器计算需要的电机电枢中的制动电流，通过一定的控制方法使电机跟踪需要的制动电流，从而较准确地提供再生制动力矩，在电机的电枢中产生的电流经 AC/DC 整流再经 DC/DC 变换器反充到储能装置中保存起来。

在城市循环工况下，汽车的平均车速较低，负荷率起伏变化大，需要频繁地起动和制动，汽车制动过程中以热能方式消耗到空气中的能量约占驱动总能量的 50%。如果可以将该部分损失的能量加以回收利用，汽车的续驶里程将会得到很大提高，具有制动能量回收系统的电动汽

车，一次充电续驶里程至少可以增加10%。

> **引导问题 2**　制动能量回收系统是如何工作的？

1. 制动能量回收系统的工作原理

制动能量回收是纯电动汽车与混合动力汽车重要技术之一，也是它们的重要特点。在普通内燃机汽车上，当车辆减速、制动时，车辆的运动能量通过制动系统而转变为热能，并向大气中释放。而在纯电动汽车与混合动力汽车上，这种被浪费掉的运动能量可通过制动能量回收技术转变为电能并储存于动力电池中（图5-2-9），并进一步转化为驱动能量。例如，当车辆起步或加速时，需要增大驱动力时，电机驱动力成为发动机的辅助动力，使电能获得有效应用。

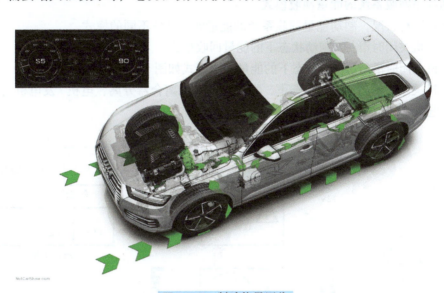

图 5-2-9　制动能量回收

一般情况下，在车辆非紧急制动的普通制动场合，约1/5的能量可以通过制动回收。制动能量回收按照混合动力的工作方式不同而有所不同。

在发动机气门不停止工作的场合，减速时能够回收的能量约是车辆运动能量的1/3。通过智能气门正时与升程控制系统使气门停止工作，发动机本身的机械摩擦（含泵气损失）能够减少约70%。回收能量增加到车辆运动能量的2/3。

制动能量回收系统包括与车型相适配的发电机、储能电池以及可以监视电池电量的智能电池管理系统。制动能量回收系统回收车辆在制动或惯性滑行中释放出的多余能量，并通过发电机将其转化为电能，再储存在储能电池中，用于之后的加速行驶。这个电池还可为车内耗电设备供电，降低对发动机的依赖、燃耗及二氧化碳排放。

混合动力汽车在车辆减速时，可以通过在发动机与电机之间设置离合器，使发动机停止输出功率而得以解决。但制动能量回收还涉及混合动力汽车的液压制动与制动能量回收的复杂平衡或条件优化的协调控制。那么，为什么可以通过驱动电机能够回收车辆的运动能量呢？其原因就是驱动电机工作的逆过程就是发电机工作状态。

电学基础理论阐明，电机驱动的工作原理是左手定则，而电机发电的工作原理则是右手定则。由于电机运转，线圈在阻碍磁通变化的方向上发生电动势。该方向与使电机旋转而流动的电流方向相反,称为逆电动势。逆电动势随着转速的增加而上升。由于转速增加,原来使电机旋转而流动的电流,其流动阻力加大,最后达到某一转速后,转速不再增加。当制动时,通过电机的电流被切断,代之而发生逆电动势。这就是使电机起到发电机作用的制动能量回收的原理。

当制动能量回收时,如何处理行车制动器?此时,制动踏板行程(或强度)如何与制动能量回收系统保持协调关系?起到制动能量回收作用的制动部分,会引起行车制动时的制动力减少。

因为对于行车制动来说,从制动能量回收中所起的作用考虑,必须在减少行车制动时的制动力方面采取相应措施。在制动力减少的同时,制动踏板的踏板力要求与踏板行程相对应。

重要的是,不论是否发生制动能量回收,与通常车辆一样,制动踏板的作用依然存在,为此,开发了一种称为行程模拟器的装置。

2. 制动能量回收系统的能量回收模式

根据车辆运行状况,制动能量回收系统的能量回收具备不同的模式。

(1)发动机关闭时滑行/制动状态下的能量回收模式

在发动机关闭时滑行/制动状态下的能量回收模式如图5-2-10所示。

在发动机关闭时滑行/制动状态下,发动机与电机离合器分离,电机/发电机离合器接合,能量仅通过电机/发电机回收。

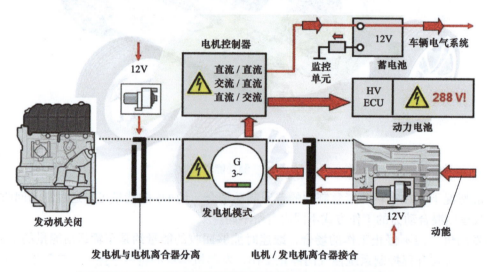

图5-2-10　在发动机关闭时滑行/制动状态下的能量回收模式

(2)发动机倒拖时滑行/制动状态下的能量回收模式

在发动机倒拖时滑行/制动状态下的能量回收模式如图5-2-11所示。

在发动机倒拖时滑行/制动状态下,发动机与电机离合器闭合,电机/发电机离合器闭合,能量除了通过电机/发电机回收外,一部分用于发动机制动(此时发动机切断燃油供给)。

(3)发动机起动时滑行/制动状态下的能量回收模式

在发动机起动时滑行/制动状态下的能量回收模式如图5-2-12所示。

在发动机起动时滑行/制动状态下,发动机与电机离合器打开,电机/发电机离合器接合,能量仅通过电机/发电机回收。

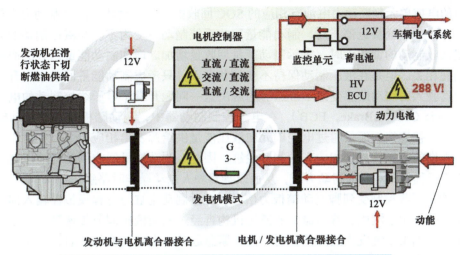

图 5-2-11 在发动机倒拖时滑行/制动状态下的能量回收模式

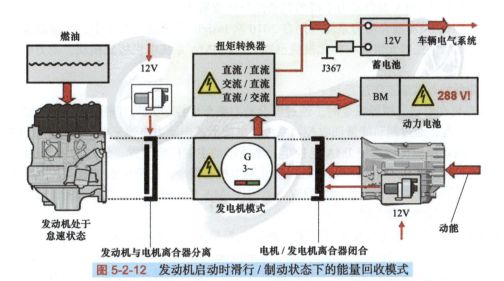

图 5-2-12 发动机启动时滑行/制动状态下的能量回收模式

引导问题3 新能源汽车上采用哪些典型的制动能量回收系统?

1.丰田混合动力汽车的制动能量回收系统

丰田混合动力汽车制动能量回收系统是由原发动机车型的液压制动器(包括液压传感器、液压阀)与电机(减速、制动时起发电机作用,即转变为能量回收发电工况)、逆变器、电控单元(包括动力电池电控单元、电机电控单元和能量回收电控单元)组成。

丰田的能量回收制动系统的特点是采用制动能量回收与液压制动的协调控制,其协调制动的原理是在不同路况和工况条件下首先确保车辆制动稳定性和安全性,同时考虑到动力电池的再生制动的能力(由动力电池电控单元控制),使车轮制动转矩与电机能量回收制动转矩之间达到优化目标的协调控制,并由整车电控单元实施集中控制。

当驾驶人踩制动踏板,则按照制动踏板力大小,通过行程模拟器等部分,液压制动器(液压伺服制动系统)实时进入相应工作,紧接着制动能量回收系统也将进入工作状态。亦即如果动力电池的电控单元判断动力电池有相应的 SOC 回收能力，制动能量回收制动力占整个制动力的相应部分。当车辆接近停止时，制动能量回收系统制动力变为零。当液压制动的面积小，而制动能量回收制动的面积大时，表示制动能量回收量增加。增加制动能量回收的面积直接与降低燃油消耗相关。但是在液压制动保持不变的状态下，只考虑制动能量回收率上升而增加制动力，导致驾驶人对制动路感变差不舒适。为解决这一问题开发了电子线控制动的电子控制制动器（Electronic Control Brake，ECB）。在电子控制制动器中，制动踏板与车轮制动轮缸不是通过液压管路直接连接，而是通过电控单元向液压能量供给源发出相应指令，使对应于制动能量回收制动强度的液压传递到相应车轮制动轮缸。因此，制动能量回收制动与液压制动之和达到与制动踏板行程量相对应的制动力值，从而改善驾驶人制动操作时路感。

制动能量回收控制受到脚制动踏板力信号，经过制动主缸与行程模拟器输入部再进入液压控制部（包括液压泵电机、蓄压器）的液压机构再经过制动液压调节传递到车轮制动轮缸，同时该液压信号如果系统发生故障停止时，液压紧急起动，电磁切换阀开启，即又通过电磁阀切换，传递到车轮制动轮缸。

2. 本田第四代 IMA 混合动力系统的制动能量回收系统

本田第四代 IMA 混合动力系统应用在 2010 款 Insight 混合动力汽车上，其制动能量回收系统采用执行器和电控单元组成一体化模块型式，包括 IMA 系统电机控制模块、动力电池监控模块和电机驱动模块。

制动能量回收系统工作过程如下：

IMA 电机在制动、缓慢减速时，通过混合动力整车电控单元发出相应指令使电机转为发电机再生发电工况，通过制动能量回收控制系统以电能形式向动力电池充电。其基本工作过程是：当制动时，制动踏板传感器使 IMA 电控单元激活制动主缸伺服装置，通过动力电池电控单元、能量回收电控单元、电机电控单元等电控单元发出相应指令，使液压机械制动和电机能量回收之间制动力协调均衡以实现最优能量回收。第四代 IMA 系统采用了可变制动能量分配比率，比上一代的制动能量回收能力增加 70%。

IMA 电机、动力电池电控单元、能量回收电控单元、电机电控单元等都属于本田第四代 IMA 混合动力系统的"智能动力单元 IPU（Intelligent Power Unit）"组成部分。它是由动力控制单元 PCU（Power Control Unit）、高性能镍氢蓄电池和制冷系统组成。PCU 是 IPU 的核心部分，控制电机助力（即进入电动工况）。PCU 通过接收节气门传感器输入的开度信号，按照发动机的有关运行参数和动力电池荷电状态等信号决定电能辅助量，并同时决定动力电池能量回收能力。PCU 主要组成部分有电池监控模块－电池状态检测（Battery Condition Monitor，BCM）、电机控制模块（Motor Control Module，MCM）、电机驱动模块（Motor Driver Module，MDM）。

现有实用化的混合动力系统，制动能量回收控制在细节上有所不同，但一般都采用电子控制的液压制动与制动能量回收的组合方式，也称为电液制动伺服控制系统。

三、任务实施

1. 实施要求

本操作任务主要完成对新能源汽车制动能量回收系统的认识。

2. 实施准备

制动能量回收系统的教学台架或模型。

3. 实施步骤

根据实训室的配置，利用教学台架、模型、挂图，认识并了解新能源汽车制动能量回收系统的结构组成和工作原理。

四、任务考核

目标	考核题目	得分
知识目标 1	（1）（判断）能量回收系统是指新能源汽车在减速制动（或者下坡）时将汽车的部分动能转化为电能，并将电能储存在储能装置（如各种蓄电池、超级电容和超高速飞轮中，最终增加新能源汽车的续驶里程。（　）	
	（2）（单选）根据储能机理不同，电动汽车制动能量回收的方法也不同，主要有（　）种。 A.5　B.4　C.3　D.2	
	（3）（多选）在电动汽车上采取制动能量回收方法的主要作用有（　）。 A. 提高电动汽车的能量利用率 B. 延长电动汽车的行驶里程电制动与传统制动相结合 C. 减轻传统制动器的磨损，增长其使用周期，降低成本 D. 减少汽车制动器在制动，尤其是缓速下长坡及滑行过程中产生的热量，降低汽车制动器的热衰退，提高汽车的安全性和可靠性	
2	（1）（判断）在纯电动汽车与混合动力汽车上，汽车减速、制动时车辆的运动能量可通过制动能量回收技术转变为电能并储存于动力电池中，并进一步转化为驱动能量。（　）	
	（2）（单选）一般情况下，在车辆非紧急制动的普通制动场合，约（　）的能量可以通过制动回收。制动能量回收按照混合动力的工作方式不同而有所不同。 A.1/6　B.1/5　C.1/4　D.1/3	
	（3）（单选）根据车辆运行状况，制动能量回收系统的能量回收具备（　）种模式。 A.2　B.3　C.4　D.5	
3	（1）（判断）丰田混合动力汽车制动能量回收系统是由原发动机车型的液压制动器（包括液压传感器、液压阀）与电机（减速、制动时起发电机作用，即转变为能量回收发电工况）、逆变器、电控单元（包括动力电池电控单元、电机电控单元和能量回收电控单元）组成。（　）	
	（2）（判断）现有实用化的混合动力系统，制动能量回收控制在细节上有所不同，但一般都采用电子控制的液压制动与制动能量回收的组合方式，也称为电液制动伺服控制系统。（　）	

总分：　　分

教师评语：

参 考 文 献

[1] 蔡兴旺.新能源汽车结构与维修[M].北京：机械工业出版社，2014.

[2] 陈黎明，王小晋.电动汽车结构原理与故障诊断[M].北京：机械工业出版社，2015.

[3] 赵立军，佟钦智.电动汽车结构与原理[M].北京：北京大学出版社，2012.

[4] 崔胜民.新能源汽车技术[M].北京：北京大学出版社，2009.

[5] 周毅.纯电动汽车电机及传动系统拆装与检测[M].北京：机械工业出版社，2018.

[6] 李相哲，苏芳，林道勇.电动汽车动力电源系统[M].北京：化学工业出版社，2011.

[7] 肖贝，陈健.电动汽车结构与原理[M].杭州：浙江大学出版社，2015.

[8] 彼得·霍夫曼.混合动力汽车技术[M].耿毅，耿彤，译.北京：机械工业出版社，2017.